編著
一般社団法人
発達支援ルームまなび
笘廣みさき・今村佐智子

# 漢字の基礎を育てる

形 音 意味

## ワークシート⑤

### 漢字の読み・意味 編

読みかえ・同じ読み方 **4年**

かもがわ出版

表紙イラスト・デザイン／高橋哲也

本文イラスト／近藤理恵

# はじめに

　子どもたちと学習していると、漢字の苦手な子どもにたくさん出会います。そして、苦手さから「漢字ギライ」になってしまう子どもも少なくありません。「何か違った漢字になってしまう」「きれいに写せても、テストになると思い出せない」「作文に漢字を使えない」など、子どもたちの困っている状態はさまざまで、その困難さの原因を考えて効果的に支援していく必要があります。

　このシリーズは、漢字の苦手さに対して、その原因に迫りながら取り組めるように構成しました。

　本書は、コピーして使えます。A4に拡大コピーすると、取り組みやすくなります。また、ワークシートの部分をダウンロードしてプリントアウトできるようにしました。

## ●●● 原因を探る ●●●

　漢字には、「形」「音・読み」「意味」の3要素があります。そのうち、どこにつまずきがあるのか原因を探ることから始めなければなりません。

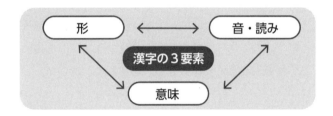

　漢字のまちがいを「形」「音・読み」「意味」のどこに原因があるか、それぞれ分類してみました。

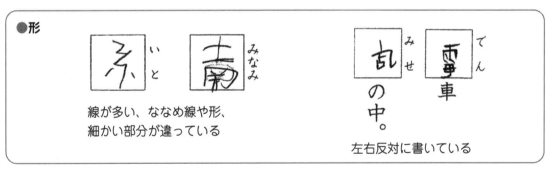

●形

線が多い、ななめ線や形、細かい部分が違っている

左右反対に書いている

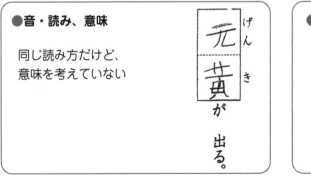

●音・読み、意味

同じ読み方だけど、意味を考えていない

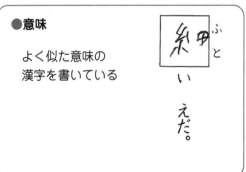

●意味

よく似た意味の漢字を書いている

　このように、どこでつまずいているかを把握し、次にそれに対する手だてを考えます。

## ●●● 原因に沿った練習をする ●●●

　このシリーズでは、漢字の「形」「音・読み」「意味」の基礎を育てることを目的としています。これらの３要素に合わせて、１冊目「空間認知編」、２冊目「漢字の形・読み編（１〜３年生の漢字）」、３冊目「漢字の読み・意味編（１〜３年生の漢字）」４冊目「漢字の形・読み編（４〜６年生の漢字）」とし、各々のつまずきに対して必要なところから、ステップ別にワークシート式で取り組めるようにしました。本書では、３冊目「漢字の読み・意味編（１〜３年生の漢字）」の続編として４年生で習う漢字（2020年度指導要領に基づく）を収録しています。効果をあげるためには、まず、指導者が原因を探ります。そして指導者が子どもに必要な声かけや支援をし、コミュニケーションをとりながら取り組ませることが大切です。

**●１冊目「空間認知編」**

　形をとらえるために大切な「空間認知力」を育てます。さらに形を記憶する練習もします。

①点つなぎ：見本を見て、点をつないで形を書く。

②図形模写：見本を見て、形を写す。

**●２冊目「漢字の形・読み編」（１〜３年生の漢字）**

　漢字として形をとらえ、読み方（音）と結び付けていきます。

①漢字さがし：よく似た漢字の違いに注目し、線でつなぐ。漢字と読みを書く。

②漢字のまちがい見つけ：見本と見比べて、漢字のまちがいを見つけ、正しい漢字を書く。

**●３冊目「漢字の読み・意味編」（１〜３年生の漢字）**

　漢字の意味を考えて、読んだり書いたりします。

①漢字の読みかえ：文に合わせて、同じ漢字の読みを書く。

②同じ読み方：意味を考えて同じ読み方の漢字を書く。

**●４冊目「漢字の形・読み編」（４〜６年生の漢字）** ＊本書よりUDフォントを採用

　２冊目「漢字さがし」「漢字のまちがい見つけ」の４、５、６年生の漢字を使った学習。

**●５冊目「漢字の読み・意味編」（４年生の漢字）**

　３冊目「漢字の読みかえ」「同じ読み方」の４年生の漢字と「都道府県名」の漢字の学習。

　ノートに漢字をひたすら書いて練習するのではなく、「漢字は楽しい」と感じられるようになれば幸いです。学校や家庭で、それぞれのつまずきの原因に合ったシリーズから、みなさまに活用されることを願っています。

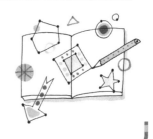

# もくじ

| | |
|---|---|
| ●はじめに | 3 |
| ●漢字の音（読み）・意味とは？ | 6 |
| ● ワークシートの使い方［漢字の読みかえ］ | 8 |
| ● ワークシートの使い方［同じ読み方］ | 11 |
| ● ワークシートの使い方［都道府県の名前］ | 12 |
| ● 解答 | 138 |
| ●ワークシートダウンロードのご案内 | 150 |

## 漢字の読みかえ

4-1〜63 ·············································· 14〜76

## 同じ読み方

4-1〜38 ·············································· 78〜115

## 都道府県名

A-1〜4　書いてみよう！都道府県名 ①〜④ ················· 118〜121
B-1〜4　書いてみよう！都道府県名【東日本編】①〜④ ········ 122〜125
C-1〜4　書いてみよう！都道府県名【西日本編】①〜④ ········ 126〜129
D-1〜4　書いてみよう！都道府県名（特別な読み方）①〜④ ····· 130〜133
E-1〜4　挑戦してみよう！都道府県名クイズ ①〜④ ············ 134〜137

# 漢字の音（読み）・意味とは？

　『漢字の基礎を育てる形・音・意味ワークシート①―空間認知編』（以後、ワークシート①）で取り上げた「空間認知力の弱さ」やワークシート②で取り上げた「漢字の形の把握の弱さ」に、特に問題がなくても漢字の苦手さを訴える子はたくさんいます。文章に合った読み方で読めなかったり、同じ読みをする漢字で別の漢字を書いてしまったりするのです。それは、漢字の大きな特徴である「意味を表す文字」という点での弱さがあるからです。

　「漢字の読みかえ」と「同じ読み方」の２種類のワークシートを通して、**（１）漢字には意味があることを意識すること、（２）意味を考えながら漢字を想起し書くこと**をねらいとしました。本書は、ワークシート③の続編（４年生）として収録しています。

### ■ 漢字の意味を意識する

　漢字学習では、正しく書けているか、整った字で美しく書けているか、という点に注目されることが多く、漢字の意味を意識することに重点を置いた指導や評価はあまりされません。しかし、漢字の習得には、漢字の意味を意識することは欠かせないもので、これが抜けているために定着しないこともよく見られます。

### ■「漢字の読みかえ」：同じ漢字のいろいろな読みを書く

　４年生で学習する漢字202字が出てきます。意味を考慮して、次のような観点で、ページの構成をしました。

> ・同じ部分をもつ漢字で、音もよく似ている（例：建・健）
> ・同じ部首の漢字で、意味としてつながりがある（例：菜・芽）
> ・形には関係ないが、関連した意味の漢字（例：億・兆・位）

　前後の文の意味を考えながら読みがなを書いていきます。一つの漢字に、いろいろな読み方があることと、読み方が違っていても、意味は共通して使われていることが確認できるようにしていきます。

### ■「同じ読み方」：同じ音（同音異義語）について意味を考えて適切な漢字を書く

　同じ読みの漢字を集めているのは、「音」に反応して意味の合わない、まちがった漢字を書くのではなく、文から意味を考えて漢字を書くためです。前半の「漢字の読みかえ」の課題のように読むことができても、漢字を思い出して書くことは、最大の難関です。記憶や想起が難しい子どもたちの書くことへの抵抗を少なくするため、ヒント欄をつくっています。

本書では「漢字の読みかえ」「同じ読み方」の順になっていますが、漢字の習熟度や学年発達段階から検討して、「同じ読み方」のみ、取り組んでもかまいません。また、すべて書く必要もなく、できるところから取り組みましょう。一つの漢字に、いろいろな読み方があることや同じ読み方をする漢字が、たくさんあることに気づくことが大事です。漢字のおもしろさを感じて、楽しく取り組んでほしいと願っています。

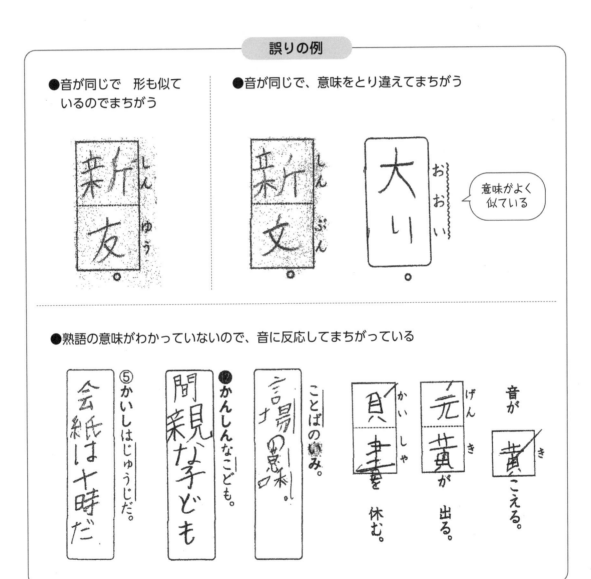

**誤りの例**

●音が同じで　形も似ているのでまちがう

●音が同じで、意味をとり違えてまちがう

意味がよく似ている

●熟語の意味がわかっていないので、音に反応してまちがっている

本書を使用するにあたって
●Ａ４サイズなどに、拡大コピーして、お使いください。
●コピーして使う時に便利なように、１ページごとに月日や名前を書く欄を設けました。
●個人がどこまで進んだかわかるように、通し番号をつけています。

# 4 ワークシートの使い方［漢字の読みかえ］

「漢字の読みかえ」は、漢字の「形・音・意味」のうち、意味をとらえ、さらに同じ漢字のいろいろな読み方「音」を確認していくワークです。

## ■ 紹介

→ 4年生で習う漢字が全部出てきますが、教科書会社によって、漢字の出てくる時期が異なるため、習う順にはなっていません。従って、全部習い終わった次の学年になってから使うと、スムーズに取り組めます。習ったところのみ学習することも可能ですので、P.10にある索引で、漢字を確認して使ってください。

→ 4年生に配当された漢字は、3年生までの漢字と違って概念的、抽象的な意味合いの文字が多数あるため、漢字の意味をイメージすることが難しく、熟語にした場合も普段あまり耳にしないものが多くなります。挿絵を活用するとともに、一緒に学習を進めていく保護者や指導者が子どもに意味の説明をしてください。

● 番号が❸❹（白抜き）になっている文は4年生ではまだ習っていない読み方です。とばしてもいいですし、読み方を教えながら使うこともできます。子どもに合わせてご活用ください。
● 文中の漢字に・（黒丸）が付いている漢字は、漢字はすでに習っているが、まだ習っていない読み方です。
● 漢字の右側に縦線のある熟語は、特別な読み方として出てくる読み方です。
● ことわざは、※で意味を示しています。

## ■ 基本的な使い方

①各ページには、漢字が3〜9個出ています。いろいろな読み方の文があるので、それぞれ読みがなを書きます。ただし、書くことに抵抗がある場合、読み上げるだけや指導者が代筆してもいいことにし、読むということをめあてにしましょう。[例1、2]

### ［例1］漢字が大嫌いな中学年
1）読むだけならと開始したが…

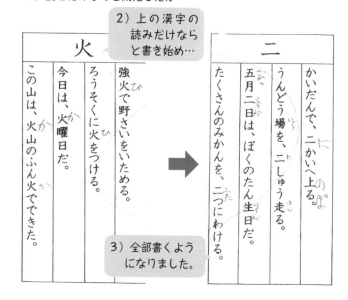

2）上の漢字の読みだけならと書き始め…

3）全部書くようになりました。

## ［例2］ 読み書きが苦手な高学年の使い方

1）意味を説明しながら、書かずに声に出して読んでいく
2）全部読み終わったら、出てきた読み方を上の欄に書く
3）その読み方を訓読みと音読みに区別する
⇒1つの漢字にいろいろな読み方があることを認識し、熟語
　の意味にも興味をもちはじめた。

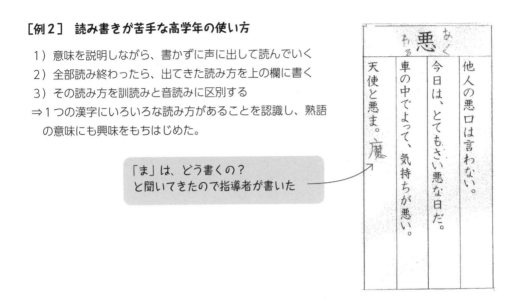

「ま」は、どう書くの？
と聞いてきたので指導者が書いた

---

②読みがわからないときは、ヒントを与えたり、指導者が教えてあげるようにしましょう。わから
　ないことを辞書で調べるのはいいことですが、漢字を面倒なものと感じさせないように、このワー
　クではヒントなどで進めていきましょう。
③読み方は違っていても、共通の意味合いがあることに、子どもが気づけるように説明をします。
　子ども自身から「こんな意味があるんだ」というつぶやきがあれば、その気づきが、すばらしい
　ことを伝え、ほめてあげましょう。［例3］
④意味合いの難しいことばは、説明してあげましょう。そのときは、挿絵も使ってください。

## ［例3］ 訓読みの「かず」「かぞえる」 という意味が、読み方が違って も同じであることを説明

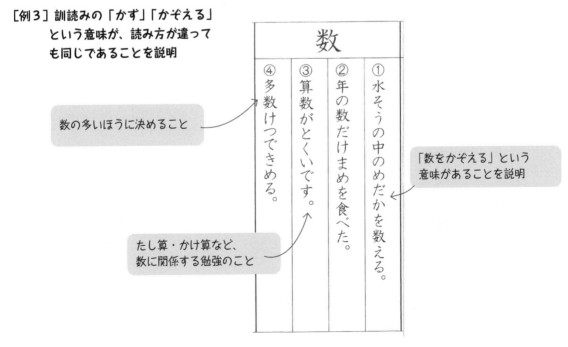

数の多いほうに決めること

「数をかぞえる」という
意味があることを説明

たし算・かけ算など、
数に関係する勉強のこと

（※数字はワークシート番号）

**ア** 愛45 浅6 案50 以60 衣26 位24 井53 茨49 印62 英23 栄35 塩17 岡53 沖6 億24

**カ** 加16 果7 貨16 課7 芽23 賀16 改60 械29 害44 街33 各60 覚35 潟49 完44 官12 管12 関62
観62 願36 岐49 希38 季26 旗2 器29 機29 議34 求38 泣5 給42 挙40 漁6 共39 協39 鏡25
競59 極31 熊14 訓54 軍52 郡54 群54 径33 景18 芸48 欠11 結4 建4 健4 験47 固63 功28
好45 香53 候61 康61

**サ** 佐21 差21 菜23 最18 埼49 材31 崎49 昨55 札15 刷25 察44 参13 産56 散56 残8 氏48 司48
試34 児13 治32 滋49 辞55 鹿14 失46 借41 種10 周51 祝22 順54 初26 松22 笑40 唱40 焼47
照19 城2 臣55 信36 成2 省57 清5 静30 席48 積51 折40 節12 説34 戦52 選37 然19 争30
倉58 巣7 束3 側63 続9 卒55 孫13

**タ** 帯24 隊52 達37 単30 置58 兆24 低8 底8 的27 典61 伝41 徒33 努28 灯47 働4 特43 徳53
栃49

**ナ** 奈14 仲45 梨50 縄9 熱19 念58

**ハ** 敗46 梅10 博61 阪17 飯17 飛56 必57 媛49 票15 標15 不11 夫11 付46 府20 阜49 富22 副21
兵52 別50 辺51 変43 便41 包27 法32 望38 牧43

**マ** 末3 満32 未3 民20 無11

**ヤ** 約27 勇28 要57 養42 浴5

**ラ** 利50 陸59 良42 料31 量18 輪59 類36 令1 冷1 例1 連37 老63 労35 録25

音読みが未習で難しいものは、訓読みで配置

**4** ## ワークシートの使い方［同じ読み方］

　「同じ読み方」は、漢字の「形・音・意味」の３要素のうち、漢字の「意味」をとらえて書くワークです。さらに、同じ読みだけれど意味によって異なる漢字を確認していきます（同音異義語）。

### ■ 紹介
　４学年で習う漢字のうち、同じ読みの漢字（一部１〜３年生も含む）がまとまって出てきます。従って、全部習い終わった次の学年になってから使うと、スムーズに取り組めます。

### ■ 基本的な使い方
①各ページに同じ読み方をする漢字がいくつかまとまって出ています。４年生で習う漢字は、太枠にしています。前後の文を読んで適切な漢字を書きます。左端にヒントとして漢字を提示しています。

②聞き慣れない熟語になると、意味がわかりにくい場合もあります。少し助言しましょう。【例１】

③まずは、ヒントの部分を折り曲げて見ないようにして、いくつ書けるかチャレンジさせてみましょう。わからないときには見ていいことにします。

④はじめから見ないで書くことが難しい場合、ヒントを見ながら書くようにします。文から意味を考え、どれが適切な漢字か考えることが大事です。

### ■ 応用編
　書かれていない１〜３年生の漢字もあります。すでに習った同じ読みの漢字を思い出すことができるか聞いてみましょう【例２】。

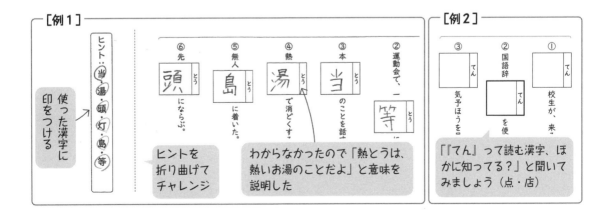

## 4 ワークシートの使い方 [都道府県の名前]

　都道府県名の漢字が４年生に配当されました。なかには都道府県以外ではほとんど使われない漢字も含まれています。ただただ覚えるための漢字学習で、しんどい思いをしている子どもたちを見て、都道府県名の「漢字」に焦点を当てることで、少しでも都道府県名の漢字に興味をもってもらえるようにと考えました。Ａ Ｂ Ｃ Ｄでは繰り返し触れることで覚えられるように、Ｅではさらに楽しんで取り組んでもらおうと、ひと味違う切り口でクイズ形式にしています。

■ ステージの紹介

| Ａ | ３年生までに習う漢字で書ける都道府県名 |
| Ｂ | ４年生で習う漢字を使う都道府県名【東日本編】 |
| Ｃ | ４年生で習う漢字を使う都道府県名【西日本編】 |
| Ｄ | 特別な読み方を含む都道府県名 |
| Ｅ | 都道府県名クイズ |

●「★☆☆☆☆」は難易度を表しています。

●「●」や「▲」など、地図での位置を示しているので、位置もヒントにしてください。

■ 基本的な使い方

　Ａ Ｂ Ｃ Ｄでは、各々４段階で進みます。

（1）読みがなを書く

（2）読みがなと始めの一文字をヒントに、残りの漢字を書く

（3）読みがなと終わりの一文字をヒントに、残りの漢字を書く

（4）読みがな通りの都道府県名を漢字で書く

Ｅでは４種類のクイズに挑戦します。

●特に難易度はありません。興味のあるページから取り組んでください。ただし（4）は最後にしかできないページです。

●クイズが難しいときは、Ａ-1、Ｂ-1、Ｃ-1、Ｄ-1に正しい漢字が書かれているので、それをヒントに進めてください。

# 4

# 漢字の読みかえ

## 漢字の読みかえ

名前（　　　　　）

月　日（　）

漢字の読み方や意味を考えましょう。

| 節 | | | | 管 | | | | 官 | | | |
|---|---|---|---|---|---|---|---|---|---|---|---|
| ④ | ③ | ② | ① | ④ | ③ | ② | ① | ④ | ③ | ② | ① |
| 竹の節はかたい。 | 水不足で節水する。 | 季節の変わり目。 | テレビの音量を調節する。 | ビルの管理をする。 | トランペットは金管楽器。 | 細い管を通す。 | 工事で水道管をつなぐ。 | 九官鳥は人の言葉をまねる。 | さいばん官がはん決を言う。 | 心ぞうやのうは体の大切な器官。 | けい察官が立っている。 |

# 漢字の読みかえ

月　日（　　）

名前（　　　　　　　　　　）

漢字の読み方や意味を考えましょう。

| 令 | ① | 令和の前は平成です。 |
| | ② | 大きな声で号令をかける。 |
| | ③ | 船長の命令にしたがう。 |
| | ④ | 社長令じょうに出会った。 |
| 冷 | ① | 冷たい風がふく。 |
| | ② | 冷ぞう庫で飲み物を冷やす。 |
| | ③ | 冷静にはんだんをする。 |
| | ④ | 熱いスープを冷ます。 |
| 例 | ① | 例を出してわかりやすく話す。 |
| | ② | 動物に例えて説明をする。 |
| | ③ | どんなことにも例外がある。 |
| | ④ | 例えば犬が話せたら楽しいだろう。 |

# 漢字の読みかえ

月　日（　　）

名前（　　　　　　　　　　　　）

漢字の読み方や意味を考えましょう。

| 成 | ① | 漢字の成り立ちを学ぶ。 |
|---|---|---|
| | ② | 十八才で成人になる。 |
| | ③ | 失敗は成功のもとと言われた。 |
| | ④ | 平成生まれの姉がいる。 |
| 城 | ① | この城の守りは完ぺきだ。 |
| | ② | 姫路城は白さぎ城とよばれる。 |
| | ③ | シンデレラ城の前で写真をとる。 |
| | ④ | 宮城県と茨城県は読み方がちがう。 |
| 旗 | ① | 大きな旗をふっておうえんする。 |
| | ② | 国旗は国によってちがう。 |
| | ③ | 運動会で万国旗をかざる。 |
| | ④ | 学校のげん関に校旗をかざる。 |

# 漢字の読みかえ

漢字の読み方や意味を考えましょう。

| | | |
|---|---|---|
| 未 | ① | 未来のことを予想する。 |
| | ② | 来月の遠足の行き先は未定だ。 |
| | ③ | 未知の生物を発見した。 |
| | ④ | 工作は未完成のままだ。 |
| 末 | ① | 今週末はおじいちゃんの家に行く。 |
| | ② | 年末年始のあいさつをする。 |
| | ③ | ぼくは四人兄弟の末っ子です。 |
| | ④ | 考えた末、買うことにした。 |
| 束 | ① | たん生日に花束をもらった。 |
| | ② | 一束百円の小松菜を買った。 |
| | ③ | 約束を守ったのでほめられた。 |
| | ④ | 金庫に札束がある。 |

# 漢字の読みかえ

漢字の読み方や意味を考えましょう。

| | | |
|---|---|---|
| 働 | ① | お母さんはスーパーで働いている。 |
| | ② | 両親は共働きです。 |
| | ③ | 労働者は働いて給料をもらう。 |
| | ④ | あの人は働き者だ。 |
| 健 | ① | 健康に大切なのは食事とすいみん。 |
| | ② | 保健室でけがの手当てをする。 |
| | ③ | 明日は健康しんだんがある。 |
| | ④ | 健全な街で子どもを育てる。 |
| 建 | ① | 大工さんに家を建ててもらう。 |
| | ② | ビルの建せつげん場はきけんだ。 |
| | ③ | 空き地に小屋を建てる。 |
| | ④ | 有名な建ちく家がせっ計した家。 |

# 漢字の読みかえ

漢字の読み方や意味を考えましょう。

| | | |
|---|---|---|
| 浴 | ① | 水浴びは気持ちがいい。 |
| | ② | 浴室のそうじを手伝った。 |
| | ③ | 入浴時間が決まっている。 |
| | ④ | 夏休みに海水浴に行った。 |
| 泣 | ① | 弟は泣き虫だ。 |
| | ② | 小さな子が泣きじゃくっている。 |
| | ③ | 大声で泣きさけぶ。 |
| | ④ | 悲しくて、しくしく泣く。 |
| 清 | ① | 清そう時間にろう下をそうじした。 |
| | ② | いい話を聞いて清らかな心になる。 |
| | ③ | 病院に空気清じょう機があった。 |
| | ④ | 山おくに清水がわき出ている。 |

18

# 漢字の読みかえ

月　日（　　）
名前（　　　　　　　　　　）

漢字の読み方や意味を考えましょう。

| | | |
|---|---|---|
| 沖 | ① | 沖の方まで泳いでいた。 |
| | ② | 船で沖に出て魚をつった。 |
| | ③ | 沖縄県にはたくさんの島がある。 |
| | ④ | 沖合は、あらしできけんだ。 |
| 漁 | ① | 漁しの仕事は夜明け前に始まる。 |
| | ② | 大きなあみを使って漁をする。 |
| | ③ | 漁かく量がふえた。 |
| | ④ | 遠洋漁業の船は、半年間帰ってこない。 |
| 浅 | ① | このプールは浅い。 |
| | ② | 浅せに小さな魚がいる。 |
| | ③ | 遠浅の海で泳いだ。 |
| | ④ | 東京の浅草に有名な寺がある。 |

# 漢字の読みかえ

漢字の読み方や意味を考えましょう。

| | | | |
|---|---|---|---|
| 果 | ① | 結果を発表する。 | |
| | ② | かきは秋の果実です。 |  |
| | ③ | 一人ひとりが役目を果たす。 | |
| | ④ | おみやげに果物をもらった。 | |
| 課 | ① | 放課後に遊ぶ約束をした。 | |
| | ② | 会社の課長はやさしいくです。 | |
| | ③ | 犬の散歩は日課です。 | |
| | ④ | 君の課題は時間を守ることです。 | |
| 巣 | ① | のき下にツバメの巣がある。 | |
| | ② | ひなが巣の中で鳴いている。 | |
| | ③ | 森に鳥の巣箱を置く。 | |
| | ④ | クモの巣を見つけた。 | |

# 漢字の読みかえ

月　日（　　）

名前（　　　　　　　　　　）

> 漢字の読み方や意味を考えましょう。

| | | |
|---|---|---|
| 氏 | ① | 氏名と年れいを書く。 |
| | ② | 田中氏と川本氏が選ばれた。 |
| | ❸ | 「氏」とは同じ血族のまとまりを表す。 |
| 低 | ① | わたしは、兄よりせが低い。 |
| | ② | 声を低める。 |
| | ③ | 最低でも五百円ほしい。 |
| | ④ | 低気あつが近づいてきた。 |
| 底 | ① | プールの底に足がとどいた。 |
| | ② | 海底のたんけん。 |
| | ③ | 底力を出してがんばった。 |
| | ④ | 心底、すごい人だと思った。 |

# 漢字の読みかえ

漢字の読み方や意味を考えましょう。

| | | |
|---|---|---|
| 結 | ① | 結こん式にしょう待する。 |
| | ② | 努力の結果が表れた。 |
| | ③ | ちょうちょ結びをする。 |
| | ④ | 結ろんを先に言う。 |
| 続 | ① | 話を続ける。 |
| | ② | 連続ドラマを見る。 |
| | ③ | 雪がふり続く。 |
| | ④ | 希望者が続出した。 |
| 縄 | ① | 縄とびで二重とびができた。 |
| | ② | 縄でしっかりしばる。 |
| | ③ | 大縄は入る時がむずかしい。 |
| | ④ | 沖縄方面に台風がきた。 |

# 漢字の読みかえ

月　日（　）

名前（　　　　　　　　　　）

漢字の読み方や意味を考えましょう。

| | | |
|---|---|---|
| 松 | ① | 松ぼっくりを集めた。 |
| | ② | 松の葉はとがっている。 |
| | ③ | 松葉づえを使って歩く。 |
| | ④ | 松竹梅は、おめでたい時に使う。 |
| 梅 | ① | 梅の花がさいている。 |
| | ② | 梅の実がなった。 |
| | ③ | 梅干しは、すっぱい。 |
| | ❹ | 梅雨の時期は雨の日が続く。 |
| 種 | ① | 朝顔の種がたくさんとれた。 |
| | ② | 畑で種まきをした。 |
| | ③ | 三種類に分ける。 |
| | ④ | 種目別に集合する。 |

# 漢字の読みかえ

漢字の読み方や意味を考えましょう。

| | | |
|---|---|---|
| 無 | ① | 無料でティッシュを配っていた。 |
| | ② | 今日の予定は無くなった。 |
| | ③ | 無理やりかばんにつめこむ。 |
| | ④ | 無事にとう着した。 |
| 不 | ① | 一人ぼっちで不安になった。 |
| | ② | 体の不調をうったえる。 |
| | ③ | 不自然な動きをする。 |
| | ④ | 不気味な生き物。 |
| 欠 | ① | 欠点はあわてんぼうなところだ。 |
| | ② | 今日の欠席は三人です。 |
| | ③ | 月の満ち欠けを観察する。 |
| | ④ | 決め手を欠く。 |

# 漢字の読みかえ

漢字の読み方や意味を考えましょう。

| | | |
|---|---|---|
| 官 | ① | けい察官が立っている。 |
| | ② | しんぞうやはいは体の大切な器官。 |
| | ③ | さいばん官がはん決を言う。 |
| | ④ | 九官鳥は人の言葉をまねる。 |
| 管 | ① | 工事で水道管をつなぐ。 |
| | ② | 細い管を通す。 |
| | ③ | トランペットは金管楽器。 |
| | ④ | ビルの管理をする。 |
| 節 | ① | テレビの音量を調節する。 |
| | ② | 季節の変わり目。 |
| | ③ | 水不足で節水する。 |
| | ④ | 竹の節はかたい。 |

# 漢字の読みかえ

漢字の読み方や意味を考えましょう。

| 産 | ① | 金魚がたまごを産んだ。 |
| | ② | 出産は命がけです。 |
| | ③ | みかんは和歌山県の特産物です。 |
| | ④ | この絵はわが家のざい産です。 |
| 児 | ① | 児童会の会長になる。 |
| | ② | 幼児が公園で遊ぶ。 |
| | ③ | 新生児室に赤ちゃんがいる。 |
| | ④ | 鹿児島県の屋久島は世界自然い産だ。 |
| 孫 | ① | 孫は子どもの子どものことです。 |
| | ② | おばあちゃんが初孫と遊ぶ。 |
| | ③ | 孫の手でせ中をかく。 |
| | ④ | 子孫はん栄を願う。 |

# 漢字の読みかえ

月　日（　）

名前（　　　　　　　　　）

漢字の読み方や意味を考えましょう。

| | | |
|---|---|---|
| 熊 | ① | 熊やくじは冬みんをする。 |
| | ② | 新かん線で熊本県に行く。 |
| | ③ | 北極には白熊がいる。 |
| | ④ | 熊手を使って落ち葉を集める。 |
| 鹿 | ① | 鹿の親子が歩いていた。 |
| | ② | トナカイは鹿の仲間です。 |
| | ③ | 鹿児島県にはさくら島がある。 |
| | ④ | おすの鹿には立ぱな角がある。 |
| 奈 | ① | 奈良公園には鹿がたくさんいる。 |
| | ② | 奈良の東大寺に大ぶつがある。 |
| | ③ | 大分、奈良、鳥取で海がない県はどこ？ |
| | ④ | 神奈川県は東京都のとなり。 |

# 漢字の読みかえ

漢字の読み方や意味を考えましょう。

| | | |
|---|---|---|
| 票 | ① | ○か×を書いて投票箱に入れる。 |
| | ② | 市長選挙で投票に行く。 |
| | ③ | テレビで開票ニュースを見た。 |
| | ④ | 売り上げを伝票に記入する。 |
| 標 | ① | 今年の目標を決める。 |
| | ② | 一時停止の道路標しき。 |
| | ③ | こうげきの標的にされた。 |
| | ④ | 標じゅん時間に時計を合わせる。 |
| 札 | ① | 名札を外す。 |
| | ② | 立て札を読んでから進む。 |
| | ③ | 改札口で待ち合わせる。 |
| | ④ | 千円札ではらった。 |

28

# 漢字の読みかえ

月　日（　　）

名前（　　　　　　　　　　）

漢字の読み方や意味を考えましょう。

| | | |
|---|---|---|
| 加 | ① | 味がうすいので塩を加えた。 |
| | ② | ゲームに加わる。 |
| | ③ | イベントに参加する。 |
| | ④ | 追加で注文をする。 |
| 賀 | ① | 年賀じょうを書いた。 |
| | ② | ゆう勝祝賀パレードがあった。 |
| | ③ | 滋賀県は京都府のとなり。 |
| | ④ | 佐賀県は福岡県の西にある。 |
| 貨 | ① | 金貨を集める。 |
| | ② | 長い貨物列車が通った。 |
| | ③ | ざっ貨店でかばんを買った。 |
| | ④ | 日本の通貨は「円」です。 |

# 漢字の読みかえ

漢字の読み方や意味を考えましょう。

| | | |
|---|---|---|
| 阪 | ① | 大阪府知事がテレビに出ていた。 |
| | ② | 阪神タイガースのおうえんをする。 |
| | ③ | 阪和道を通って和歌山に行く。 |
| | ④ | 大阪城の天守かくに上った。 |
| 飯 | ① | おいしいご飯が食べたい。 |
| | ② | のりをまいたにぎり飯。 |
| | ③ | お祝いで赤飯を食べた。 |
| | ④ | すい飯器でご飯をたく。 |
| 塩 | ① | スイカに塩をふる。 |
| | ② | 海の水は塩からい。 |
| | ③ | 生野菜に食塩をかけて食べる。 |
| | ④ | 塩分はひかえめにしている。 |

# 漢字の読みかえ

漢字の読み方や意味を考えましょう。

| | | |
|---|---|---|
| 最 | ① | 最も大事なのは命です。 |
| | ② | 漢字テストで最高点をとった。 |
| | ③ | ドラマの最終回を見た。 |
| | ④ | 最前列でパレードを見る。 |
| 景 | ① | 美しい風景の絵をかく。 |
| | ② | 最上階からの夜景はすばらしい。 |
| | ③ | ビンゴでもらった景品。 |
| | ④ | 山のちょう上から景色をながめる。 |
| 量 | ① | 大量の荷物がある。 |
| | ② | 量り売りで肉を買う。 |
| | ③ | 計量カップで米を量る。 |
| | ④ | 今月の雨量はたいへん多い。 |

# 漢字の読みかえ

漢字の読み方や意味を考えましょう。

| | | |
|---|---|---|
| 熱 | ① | かぜをひいて、熱が出た。 |
| | ② | 熱湯をかけて氷をとかす。 |
| | ③ | 熱心にさそわれた。 |
| | ④ | 熱い気持ちをおさえきれない。 |
| 照 | ① | 太陽の光に照らされる。 |
| | ② | 照明が当たって、まぶしい。 |
| | ③ | 日照り続きで花がかれる。 |
| | ④ | 人前では照れて、話せなかった。 |
| 然 | ① | 自然の力はすごい。 |
| | ② | とつ然のことでおどろいた。 |
| | ③ | この結果は当然のことだ。 |
| | ④ | ここは天然温泉です。 |

# 漢字の読みかえ

漢字の読み方や意味を考えましょう。

| | | |
|---|---|---|
| 付 | ① | 申しこみを受け付ける。 |
| | ② | 付せんにメモを書く。 |
| | ③ | けが人に付きそう。 |
| | ④ | 付録がほしくて、本を買った。 |
| 府 | ① | 大阪府の面積は東京都よりせまい。 |
| | ② | 都道府県は全部で四十七ある。 |
| | ③ | 京都府の植物園に行った。 |
| | ④ | 大阪府立図書館は二カ所ある。 |
| 民 | ① | 市民祭りでりんごあめを買った。 |
| | ② | 府民のくらしを守る。 |
| | ③ | 民族衣しょうを着る。 |
| | ④ | 海の近くの民宿にとまった。 |

# 漢字の読みかえ

漢字の読み方や意味を考えましょう。

| | | |
|---|---|---|
| 佐 | ① | 佐賀県は北も南も海に面している。 |
| | ② | 社長のほ佐をする役目。 |
| | ③ | 佐渡島にはトキがいる。 |
| | ④ | 大佐は中佐より位が高い。 |
| 差 | ① | 80と60の差は20です。 |
| | ② | 交差点で車が止まる。 |
| | ③ | 明かりが差す。 |
| | ④ | 人を差別してはいけない。 |
| 副 | ① | 副会長があいさつをした。 |
| | ② | 主菜は魚、副菜はサラダです。 |
| | ③ | 一位の副しょうは図書カードです。 |
| | ④ | 薬の副作用でじんましんが出た。 |

# 漢字の読みかえ

漢字の読み方や意味を考えましょう。

| | | |
|---|---|---|
| 笑 | ① | 大きな笑い声が聞こえてきた。 |
| | ② | こらえきれずにクスクス笑う。 |
| | ❸ | お笑い番組でばく笑した。 |
| | ❹ | 笑顔がかわいい赤ちゃん。 |
| 祝 | ① | 結婚のお祝いをわたす。 |
| | ② | 成人の日も春分の日も祝日です。 |
| | ③ | ゆう勝の祝賀パレード。 |
| | ④ | 入学祝いをいただいた。 |
| 富 | ① | 富士山は美しい山です。 |
| | ② | トランプで「大富ごう」をした。 |
| | ③ | 富山県には日本一大きなダムがある。 |
| | ④ | 日本の気候は変化に富んでいる。 |

# 漢字の読みかえ

月　日（　　）

名前（　　　　　　　　　）

漢字の読み方や意味を考えましょう。

| 芽 | ① | 球根の芽が出てきた。 |
| | ② | よく見るとかれ木に新芽があった。 |
| | ③ | 大豆の発芽を観察した。 |
| | ④ | 芽生えの季節が来た。 |
| 菜 | ① | 野菜をたくさん食べよう。 |
| | ② | 一面に菜の花がさく。 |
| | ③ | 白菜とキャベツはにていますか？ |
| | ④ | ほうれん草も小松菜も菜っ葉。 |
| 英 | ① | 英語の発音練習をした。 |
| | ② | 英国とはイギリスのことです。 |
| | ③ | 英才教育を受ける。 |
| | ④ | ナポレオンは英ゆうといわれる。 |

# 漢字の読みかえ

月　日（　）
名前（　　　　　　　　　　）

漢字の読み方や意味を考えましょう。

| 位 | ① | 大会で一位になった。 |
| | ② | 位に気をつけて計算をする。 |
| | ③ | 王様は、位が一番高い。 |
| | ④ | 位置について、用意、スタート。 |
| 億 兆 | ① | たからくじで三億円が当たった。 |
| | ② | 億万長者とは大金持ちのこと。 |
| | ③ | 日本の予算は約百十兆円です。 |
| | ④ | 一億の一万倍は一兆です。 |
| 帯 | ① | 和服を着て、帯を結ぶ。 |
| | ② | さばく地帯は雨がほとんどふらない。 |
| | ③ | うでに包帯をまく。 |
| | ④ | 青みを帯びた緑色。 |

# 漢字の読みかえ

漢字の読み方や意味を考えましょう。

| | | |
|---|---|---|
| 録 | ① | 聞いたことを記録する。 |
| | ② | 気になるドラマを録画した。 |
| | ③ | 歌手が新曲を録音する。 |
| | ④ | 大会に出るために登録した。 |
| 鏡 | ① | 鏡に全身をうつす。 |
| | ② | 手鏡を見て口べにをぬる。 |
| | ③ | お正月に鏡もちをかざる。 |
| | ④ | 望遠鏡で星の観察をする。 |
| 刷 | ① | 印刷物を配る。 |
| | ② | はん画を刷る。 |
| | ③ | きれいな色に刷り上がる。 |
| | ④ | メンバーを刷新した新チーム。 |

# 漢字の読みかえ

月　日（　　）

名前（　　　　　　　　　　　）

漢字の読み方や意味を考えましょう。

| | | |
|---|---|---|
| 衣 | ① | 衣服をせんたくする。 |
| | ② | 衣類をハンガーにかける。 |
| | ③ | 夏服と冬服の衣がえ。 |
| | ④ | 天女の羽衣のむかし話。 |
| 初 | ① | 初雪がふった。 |
| | ② | 初級から中級に進んだ。 |
| | ③ | 夏休み初日に宿題を半分した。 |
| | ④ | 初めて会った人と話した。 |
| 季 | ① | 日本には春夏秋冬の四季がある。 |
| | ② | 季節に合わせた服そう。 |
| | ③ | 冬季オリンピックでスキーを見た。 |
| | ④ | 海から季節風がふいてくる。 |

# 漢字の読みかえ

漢字の読み方や意味を考えましょう。

| | | |
|---|---|---|
| 約 | ① | ちょ金が、約五千円になった。 |
| | ② | がい数には「約」をつける。 |
| | ③ | 約束を守る。 |
| | ④ | 駅まで歩いて約十五分かかる。 |
| 的 | ① | お祭りで的当てをした。 |
| | ② | 目的を果たす。 |
| | ③ | 意よく的にがんばる。 |
| | ④ | 的外れなことを言ってしまった。 |
| 包 | ① | かわいいがらの包そう紙。 |
| | ② | ふろしきで包む。 |
| | ③ | いい香りに包まれる。 |
| | ④ | 包帯でグルグルまきにする。 |

# 漢字の読みかえ

月　日（　）

名前（　　　　　　　　　　）

漢字の読み方や意味を考えましょう。

| | | |
|---|---|---|
| 努 | ① | 目標に向かって努力する。 |
| | ② | ウイルス感せん予ぼうに努める。 |
| | ③ | 努力不足で間に合わなかった。 |
| | ④ | 努めて冷静に話す。 |
| 勇 | ① | 勇気を出して前に進む。 |
| | ② | 真の勇者は、君だ。 |
| | ③ | 勇ましいかけ声。 |
| | ④ | 大きな声えんに選手が勇み立つ。 |
| 功 | ① | ロケットの打ち上げに成功した。 |
| | ② | すばらしい功せきを残した人。 |
| | ③ | 「けがの功名」とは意外にいい結果という時に使う。 |

# 漢字の読みかえ

月　日（　　）

名前（　　　　　　　　　　　）

漢字の読み方や意味を考えましょう。

| 機 | ① | 工場の機械を動かす。 |
| | ② | 次の機会を待つ。 |
| | ③ | 機関車が客車を引っぱる。 |
| | ④ | 最近の母は、機げんがいい。 |
| 械 | ① | 機械のそう作はボタン一つでできる。 |
| | ② | 農業は機械化された。 |
| | ③ | 器械体そうには鉄ぼう・とび箱や平きん台などがある。 |
| 器 | ① | 食器をならべる。 |
| | ② | 楽器のえんそうをする。 |
| | ③ | 母は手先が器用です。 |
| | ④ | ろう下に消火器がある。 |

# 漢字の読みかえ

漢字の読み方や意味を考えましょう。

| 単 | ① | 五分間でかん単にそうじをした。 |
| | ② | 説明が単じゅんで分かりやすい。 |
| | ③ | mもcmも長さの単位です。 |
| | ④ | セットではなく単品でたのんだ。 |
| 争 | ① | 先を争って入り口に向かう。 |
| | ② | 戦争は起こってほしくない。 |
| | ③ | 同じ条件で競争する。 |
| | ④ | 争いはしたくない。 |
| 静 | ① | 虫の声が聞こえるほど静かな夜。 |
| | ② | 心を静める。 |
| | ③ | 高い熱があるので安静にする。 |
| | ④ | 静岡県に行って富士山に登る。 |

# 漢字の読みかえ

漢字の読み方や意味を考えましょう。

| | | |
|---|---|---|
| 材 | ① | 材木を使ってテーブルを作る。 |
| | ② | 手まきずしの具材を選ぶ。 |
| | ③ | 楽しい教材を使ったじゅ業。 |
| | ④ | テレビの取材を受けた。 |
| 料 | ① | 魚料理と肉料理を運ぶ。 |
| | ② | 工作の材料を集める。 |
| | ③ | 電気料金が高くなった。 |
| | ④ | 入場料をはらって入る。 |
| 極 | ① | 地球温だん化で北極の氷がとける。 |
| | ② | 南極にはペンギンがいる。 |
| | ③ | 積極的に参加する。 |
| | ④ | 極げんまで努力する。 |

北極
南極→

# 漢字の読みかえ

---

漢字の読み方や意味を考えましょう。

---

| | | |
|---|---|---|
| 治 | ① | 足のきずが治った。 |
| | ② | 害虫をたい治する。 |
| | ③ | 政治とは、国を治めることです。 |
| | ④ | 医者の治りょうを受ける。 |
| 法 | ① | いい方法を思いついた。 |
| | ② | 用法を守って薬を飲む。 |
| | ③ | 四泳法の中では、平泳ぎがとく意だ。 |
| | ④ | 法りつは、国が決めたきまりです。 |
| 満 | ① | さくらの花が満開です。 |
| | ② | 希望に満ちた出発。 |
| | ③ | コップを水で満たす。 |
| | ④ | 満員電車に乗った。 |

# 漢字の読みかえ

漢字の読み方や意味を考えましょう。

| 街 | ① | 商店街を歩く。 |
| | ② | 街灯は夜の道を明るくする。 |
| | ③ | 街角の花屋さん。 |
| | ④ | 市街地には家がたくさんある。 |
| 径 | ① | 運動場に直径5mの円をかいた。 |
| | ② | 半径を3cmに合わせてコンパスで円をかく。 |
| | ③ | あの子の行動半径は約1km以内だ。 |
| 徒 | ① | 公園まで徒歩で五分かかる。 |
| | ② | 中学校の生徒がせい服を着ている。 |
| | ③ | 徒競走で50m走った。 |
| | ④ | せっかくの努力が徒労に終わる。 |

# 漢字の読みかえ

漢字の読み方や意味を考えましょう。

| | | |
|---|---|---|
| 説 | ① | くわしい説明を聞く。 |
| | ② | かい説書をよく見て、組み立てる。 |
| | ③ | 伝説のりゅうが住む池。 |
| | ④ | 平和の大切さを説く。 |
| 試 | ① | バスケットボールの試合。 |
| | ② | からあげの試食をした。 |
| | ③ | 車の試運転をする。 |
| | ④ | 実験を試みる。 |
| 議 | ① | 会議で意見を言う。 |
| | ② | 今日の議題は遠足についてです。 |
| | ③ | 不思議なことが起こった。 |
| | ④ | 国会議員が国のことを話し合う。 |

# 漢字の読みかえ

漢字の読み方や意味を考えましょう。

| | | |
|---|---|---|
| 労 | ① | 苦労して畑をたがやす。 |
| | ② | きん労感しゃの日は十一月にある。 |
| | ③ | 荷物運びは重労働だ。 |
| | ④ | 心労で体調をくずす。 |
| 覚 | ① | 漢字を覚える。 |
| | ② | 早朝に目が覚めた。 |
| | ③ | 寒さで感覚がにぶる。 |
| | ④ | せきにんの重さを自覚する。 |
| 栄 | ① | 栄養満点の食事。 |
| | ② | 栄養士が給食のこん立を考える。 |
| | ③ | あなたに会えて光栄です。 |
| | ④ | 町が栄える。 |

# 漢字の読みかえ

漢字の読み方や意味を考えましょう。

| 類 | ① | ゴミを分類する。 |
|---|---|---|
| | ② | 親類がたくさん集まった。 |
| | ③ | 人間は、ほにゅう類です。 |
| | ④ | 類いまれな美しい歌声。 |
| 願 | ① | 強い願望を持つ。 |
| | ② | 念願がなって、ハワイに来た。 |
| | ③ | 短ざくに願い事を書いた。 |
| | ④ | ていねいにお願いをした。 |
| 信 | ① | 自信を持って意見を言う。 |
| | ② | 信号を守る。 |
| | ③ | 信用してもらいたい。 |
| | ④ | 信じられないことが起きた。 |

# 漢字の読みかえ

月　日（　　）
名前（　　　　　　　　　　）

漢字の読み方や意味を考えましょう。

| | | |
|---|---|---|
| 達 | ① | 赤ちゃんは順調に発達している。 |
| | ② | とう達目標は山のてっぺん。 |
| | ③ | 手紙を速達で送る。 |
| | ❹ | 仲のいい友達がいる。 |
| 連 | ① | 連休にいとこの家に行った。 |
| | ② | じゅうたいで車が連なる。 |
| | ③ | 好きな野球チームが五連勝した。 |
| | ④ | 名前を書き連ねる。 |
| 選 | ① | リレーの選手になった。 |
| | ② | ちゅう選で三人に当たるそうだ。 |
| | ③ | わたしの習字が選ばれた。 |
| | ④ | 自分に合った方法を選んだ。 |

# 漢字の読みかえ

月　日（　　）
名前（　　　　　　　　　　　）

漢字の読み方や意味を考えましょう。

| | | |
|---|---|---|
| 求 | ① | 答えを求める。 |
| | ② | 真実を追求する。 |
| | ③ | 予算を要求する。 |
| | ④ | どこまでも追い求める。 |
| 希 | ① | 希望を持って進む。 |
| | ② | 平和を希求する。 |
| | ③ | 希少なそんざいです。 |
| | ④ | 高い山では空気が希はくになる。 |
| 望 | ① | てん望台から景色を見た。 |
| | ② | 望遠鏡で火星を見る。 |
| | ③ | 望みがかなった。 |
| | ④ | あなたのことばに失望した。 |

# 漢字の読みかえ

漢字の読み方や意味を考えましょう。

| | | |
|---|---|---|
| 協 | ① | みんなで協力する。 |
| | ② | 姉は協調せいがある。 |
| | ③ | 外国と協定を結ぶ。 |
| | ④ | 音楽室でピアノ協そう曲を聞く。 |
| 共 | ① | 二人の共通点をさがす。 |
| | ② | 友だちと共に行動した。 |
| | ③ | 意見に共感した。 |
| | ④ | 公共の場所ではマナーを守ろう。 |
| 参 | ① | 子ども祭りに参加した。 |
| | ② | 兄の方法を参考に勉強をした。 |
| | ③ | おはかに参りに行く。 |
| | ④ | ゲームに参戦する。 |

# 漢字の読みかえ

月　日（　　）
名前（　　　　　　　　　）

漢字の読み方や意味を考えましょう。

| | | |
|---|---|---|
| 折 | ① | 木のえだが折れてしまった。 |
| | ② | 次の交差点を右折する。 |
| | ③ | 折り紙で千羽づるを折る。 |
| | ④ | 足をこっ折した。 |
| 挙 | ① | さん成する人は挙手してください。 |
| | ② | その係がしたくて手を挙げた。 |
| | ③ | かい挙を成しとげた。 |
| | ④ | 一挙に完成させた。 |
| 唱 | ① | 九九を唱えて覚える。 |
| | ② | 合唱コンクールで歌う。 |
| | ③ | 詩を暗唱する。 |
| | ④ | ま法のじゅ文を唱える。 |

# 漢字の読みかえ

漢字の読み方や意味を考えましょう。

| | | |
|---|---|---|
| 伝 | ① | たのまれたことを伝える。 |
| | ② | 伝言ゲームをした。 |
| | ③ | 都市伝説を聞いた。 |
| | ④ | カッパが住むという言い伝えがある。 |
| 借 | ① | 図書室で本を借りた。 |
| | ② | 借家とは借りている家のことです。 |
| | ③ | 「また借り」をしてはいけない。 |
| | ④ | 借金は早く返した方がいい。 |
| 便 | ① | ゆう便局で切手を買う。 |
| | ② | この道具があると便利です。 |
| | ③ | 春の便りがとどく。 |
| | ④ | トイレの便器をきれいにする。 |

# 漢字の読みかえ

漢字の読み方や意味を考えましょう。

| | | |
|---|---|---|
| 良 | ① | 良い知らせがあった。 |
| | ② | 良心にしたがって行動する。 |
| | ③ | うでの良い大工さん。 |
| | ④ | 奈良県は山に囲まれている。 |
| 養 | ① | しっかり栄養をとる。 |
| | ② | つかれているので休養をとった。 |
| | ③ | 教養のある人はそんけいされる。 |
| | ④ | 家族を養う。 |
| 給 | ① | 来週は給食当番だ。 |
| | ② | だん水で給水車から水をもらった。 |
| | ③ | ガソリンスタンドで給油をする。 |
| | ④ | 初めての給料で時計を買う。 |

# 漢字の読みかえ

漢字の読み方や意味を考えましょう。

| | | |
|---|---|---|
| 牧 | ① | 牧場で馬に乗った。 |
| | ② | 羊が放牧されている。 |
| | ③ | 牛が牧草を食べている。 |
| | ④ | 牧羊犬が羊の群れを動かす。 |
| 特 | ① | あの人のことが特に気になる。 |
| | ② | 特売で安く買えた。 |
| | ③ | 特別なおまけがもらえた。 |
| | ④ | 特急電車に乗った。 |
| 変 | ① | 小さな変化に気づく。 |
| | ② | ヒーローが変身する。 |
| | ③ | 話を変える。 |
| | ④ | いつの間にか、形が変わった。 |

# 漢字の読みかえ

漢字の読み方や意味を考えましょう。

| 害 | ① | 大きながい害が起きた。 |
| | ② | 害虫をたい治した。 |
| | ③ | 有害なガスがまじっている。 |
| | ④ | 公害で空気がよごれる。 |
| 完 | ① | 完全にぼくの負けだ。 |
| | ② | 山もりのごちそうを完食した。 |
| | ③ | 夏休みの宿題は完ぺき。 |
| | ④ | マラソンで完走した。 |
| 察 | ① | けい察官に道を聞いた。 |
| | ② | 名前をよばれたらしん察室に入る。 |
| | ③ | 人の気持ちを察する。 |
| | ④ | 観察日記を書いた。 |

# 漢字の読みかえ

漢字の読み方や意味を考えましょう。

| | | |
|---|---|---|
| 仲 | ① | サッカー仲間が集まる。 |
| | ② | うちの親子は仲がいい。 |
| | ③ | けんかしたが、仲直りできた。 |
| | ④ | 小さいころからの仲良しと遊ぶ。 |
| 好 | ① | 好きな色は赤です。 |
| | ② | 姉はユリの花を好む。 |
| | ③ | 人に好意を持つ。 |
| | ④ | テストの結果は良好だった。 |
| 愛 | ① | 家族を愛する。 |
| | ② | 父の愛読書を借りる。 |
| | ③ | 名古屋城は愛知県にある。 |
| | ④ | 愛媛県は四国地方の一つ。 |

# 漢字の読みかえ

漢字の読み方や意味を考えましょう。

| | | |
|---|---|---|
| 夫 | ① | 夫にプレゼントをもらう。 |
| | ② | ドレスを着た夫人。 |
| | ③ | 工夫して工作をする。 |
| | ④ | 夫婦で出かける。 |
| 失 | ① | 気を失う。 |
| | ② | 失礼なたい度をとる。 |
| | ③ | あと形もなく消失した。 |
| | ④ | うっかり、失言してしまった。 |
| 敗 | ① | 試合に敗れる。 |
| | ② | 最後まで勝敗はわからない。 |
| | ③ | 失敗したのでやり直した。 |
| | ④ | 敗者ふっ活戦で勝ち残った。 |

# 漢字の読みかえ

月　日（　　）

名前（　　　　　　　　　　）

漢字の読み方や意味を考えましょう。

| | | | |
|---|---|---|---|
| 焼 | ① | 日に焼けて真っ黒になる。 | |
| | ② | あじの塩焼きを食べた。 | |
| | ③ | 焼きそばを買った。 | |
| | ④ | 世話を焼く。 | |
| 灯 | ① | 街灯があると道が明るい。 | |
| | ② | かい中電灯で照らす。 | |
| | ③ | イルミネーションの点灯。 | |
| | ④ | 灯台は海の道しるべ。 | |
| 験 | ① | 理科室で実験をした。 | |
| | ② | けい験した人に話を聞く。 | |
| | ③ | 入学試験を受ける。 | |
| | ④ | まず体験してみよう。 | |

# 漢字の読みかえ

月　日（　　）

名前（　　　　　　　　　　　　）

漢字の読み方や意味を考えましょう。

| 司 | ① | 番組の司会者。 |
| | ② | 会社で上司にほめられた。 |
| | ③ | 発表会の司会をした。 |
| | ④ | 司令官からの命令。 |
| 芸 | ① | 人気のあるお笑い芸人。 |
| | ② | 父は園芸が好きです。 |
| | ③ | 伝とう工芸が古くから伝わる村。 |
| | ④ | 芸のうpeople人を見た。 |
| 席 | ① | 客席は満席です。 |
| | ② | 会場の空席が目立つ。 |
| | ③ | 毎朝出席をとる。 |
| | ④ | 月に一回の席がえが楽しみだ。 |

# 漢字の読みかえ

漢字の読み方や意味を考えましょう。

| | | |
|---|---|---|
| 媛岐阜 | ① | 愛媛のみかんはあまい。 |
| | ② | 愛媛県は瀬戸内海に面している。 |
| | ③ | 岐阜県には合しょうづくりの家がある。 |
| | ④ | 岐阜県には海がない。 |
| 滋潟茨 | ⑤ | 滋賀県のびわ湖は日本一広い。 |
| | ⑥ | コシヒカリは新潟県産のお米です。 |
| | ⑦ | あえて茨の道を選ぶ。 |
| | ⑧ | 茨城県はなっ豆が有名です。 |
| 崎埼栃 | ⑨ | 長崎県も宮崎県も九州にある。 |
| | ⑩ | 埼玉県は東京都の北にある。 |
| | ⑪ | 栃の実で栃もちを作る。 |
| | ⑫ | 栃木県はいちごが特産品です。 |

# 漢字の読みかえ

漢字の読み方や意味を考えましょう。

| | | |
|---|---|---|
| 別 | ① | 校門を出て友と別れた。 |
| | ② | 自分だけ別行動をした。 |
| | ③ | 二人はそっくりで区別できない。 |
| 利 | ① | 自分に有利なじょうけん。 |
| | ② | レンタカーを利用する。 |
| | ③ | 自転車は便利な乗り物。 |
| 梨 | ① | 梨の木に実がなる。 |
| | ② | 洋梨は変わった形だ。 |
| | ③ | 山梨県はぶどうやももの産地。 |
| 案 | ① | いい案がうかんだ。 |
| | ② | それは名案だ。 |
| | ③ | 親切に案内してくれた。 |

# 漢字の読みかえ

漢字の読み方や意味を考えましょう。

| | | |
|---|---|---|
| 周 | ① | 池の周りを歩く。 |
| | ② | 駅の周辺には店が多い。 |
| | ③ | 運動場を五周走った。 |
| | ④ | 開店三周年記念セール。 |
| 辺 | ① | この辺りに交番はありませんか？ |
| | ② | 犬がにげたので近辺をさがした。 |
| | ③ | 川の岸辺を歩く。 |
| | ④ | 辺り一面、雪で真っ白だった。 |
| 積 | ① | 積み木を積んで遊ぶ。 |
| | ② | 雪がふり積もる。 |
| | ③ | 花だんの面積を調べる。 |
| | ④ | 積極的に答える。 |

# 漢字の読みかえ

月　日（　　）

名前（　　　　　　　　　）

漢字の読み方や意味を考えましょう。

| | | |
|---|---|---|
| 軍 | ① | 軍隊が前進する。 |
| | ② | すもうで横つなに軍配が上がる。 |
| | ③ | プロ野球には一軍と二軍がある。 |
| 戦 | ① | てきと戦う。 |
| | ② | 戦争が終わった。 |
| | ③ | 同点でえん長戦になった。 |
| 兵 | ① | おもちゃの兵隊さん。 |
| | ② | 兵器とは戦争をする道具。 |
| | ③ | 昔、兵庫県南部で大きな地しんがあった。 |
| 隊 | ① | 隊長の命令にしたがう。 |
| | ② | 音楽隊がえんそうする。 |
| | ③ | レスキュー隊員が人を助けた。 |

# 漢字の読みかえ

月　日（　）

名前（　　　　　　　　　）

漢字の読み方や意味を考えましょう。

| | | |
|---|---|---|
| 徳 | ① | 二時間目は道徳です。 |
| | ② | 早起きは三文の徳。　　※早起きをすると良いことがある |
| | ③ | 徳島県名物、あわおどり。 |
| 井 | ① | 井戸水は夏でも冷たい。 |
| | ② | 井の中のかわず。　　※世間知らず、ひとりよがり |
| | ③ | 福井県にきょうりゅう博物館がある。 |
| 香 | ① | いい香りがする。 |
| | ② | 梅の花が香る。 |
| | ③ | 香川県はうどんが名物。 |
| 岡 | ① | 岡山県のももはおいしい。 |
| | ② | 福岡県でからし明太子を買った。 |
| | ③ | 静岡県には茶畑が広がっている。 |

# 漢字の読みかえ

漢字の読み方や意味を考えましょう。

| | | |
|---|---|---|
| 群 | ① | 魚が群れになって泳いでいる。 |
| | ② | 鳥の大群が飛んでいる。 |
| | ③ | 群馬県マスコットの「ぐんまちゃん」。 |
| 郡 | ① | 都市部より郡部に住みたい。 |
| | ② | 「郡」は住所で使う漢字です。 |
| | ③ | 大阪府泉南郡岬町（みさき）という住所。 |
| 訓 | ① | 漢字の訓読みと音読み。 |
| | ② | きびしい訓練を受ける。 |
| | ③ | 教訓にしていることがある。 |
| 順 | ① | 順番を待つ。 |
| | ② | 手順通りに組み立てた。 |
| | ③ | 駅までの道順を調べる。 |

# 漢字の読みかえ

漢字の読み方や意味を考えましょう。

| | | |
|---|---|---|
| 卒 | ① | 卒業生のむねに花をつける。 |
| | ② | いよいよ来週は卒業式だ。 |
| | ③ | 卒園式の写真をかざる。 |
| 臣 | ① | そう理大臣がえん説をする。 |
| | ② | 大臣と副大臣で話し合う。 |
| | ③ | 家臣のことを思いやる王様。 |
| 昨 | ① | 昨夜、楽しいゆめを見た。 |
| | ② | 昨年、兄が卒業した。 |
| | ③ | 昨日は母のたん生日だった。 |
| 辞 | ① | 辞書で言葉の意味を調べる。 |
| | ② | 植物辞典で花の名前を調べた。 |
| | ③ | 辞しょく願いを出す。 |

68

# 漢字の読みかえ

漢字の読み方や意味を考えましょう。

| 散 | ① | さくらの花が散る。 |
| | ② | ゴミを散らかす。 |
| | ③ | 遠足の後、運動場でかい散した。 |
| | ④ | 決まった時間に散歩をする。 |
| 残 | ① | おかずを残した。 |
| | ② | 残り物には福がある。※残った物の中には予想外に良い物がある。 |
| | ③ | 参加できなくて残念だった。 |
| | ④ | きびしい残暑が続く。 |
| 飛 | ① | 飛び出すとあぶない。 |
| | ② | 遠くに水を飛ばす。 |
| | ③ | 紙飛行機を飛ばす。 |
| | ④ | 飛行場の見学をした。 |

# 漢字の読みかえ

漢字の読み方や意味を考えましょう。

| | | |
|---|---|---|
| 必 | ① | 必ずうまくいく。 |
| | ② | これは必要なことです。 |
| | ③ | 妹を必死にかばう。 |
| | ④ | 必然的な結果です。 |
| 要 | ① | 重要な話をする。 |
| | ② | 要点をまとめる。 |
| | ③ | おうぎの要は大事です。 |
| | ④ | キャプテンはチームの要。 |
| 省 | ① | くわしい説明を省く。 |
| | ② | 時間がないので省りゃくする。 |
| | ③ | 深く反省した。 |
| | ④ | お正月に帰省する。 |

# 漢字の読みかえ

漢字の読み方や意味を考えましょう。

| | | |
|---|---|---|
| 念 | ① | 記念写真をとる。 |
| | ② | 念ぶつを唱える。 |
| | ③ | 念願がかなってうれしい。 |
| | ④ | 最後まで信念をつらぬく。 |
| 倉 | ① | 倉に道具を入れる。 |
| | ② | 米倉は米を入れておく場所です。 |
| | ③ | 港にレンガ倉庫がならんでいる。 |
| 置 | ① | かぎを置く場所を決める。 |
| | ② | 家具の配置を考える。 |
| | ③ | 地図で島の位置をさがす。 |
| | ④ | 物置きに使わない物を入れる。 |

# 漢字の読みかえ

漢字の読み方や意味を考えましょう。

| | | |
|---|---|---|
| 陸 | ① | 地球上では陸地より海の方が広い。 |
| | ② | 飛行機が着陸する。 |
| | ③ | 台風が上陸した。 |
| | ④ | 南極大陸は氷におおわれている。 |
| 輪 | ① | 夜店で輪投げをした。 |
| | ② | 指輪をはめる。 |
| | ③ | 一輪車に乗れた。 |
| | ④ | 一輪の花をかざる。 |
| 競 | ① | 体育大会の徒競走で走った。 |
| | ② | チームに分かれて競争した。 |
| | ③ | 競泳で自由形に出場した。 |
| | ④ | 草競馬で馬に乗った。 |

# 漢字の読みかえ

月　日（　　）

名前（　　　　　　　　　　　）

漢字の読み方や意味を考えましょう。

| 以 | ① | 身長100cm以上の人しか乗れません。 |
| | ② | 五分以内に出発する。 |
| | ③ | おすし以外、何も食べたくない。 |
| | ④ | 以前、行ったことがある場所です。 |
| 各 | ① | 各地の名物を自まんする。 |
| | ② | 各自、筆記用具を持って集合。 |
| | ③ | 各国の代表が集まった。 |
| | ④ | 各駅てい車に乗った。 |
| 改 | ① | 改良を重ねた自信作。 |
| | ② | 駅の改札を通る。 |
| | ③ | 年が改まり、気を引きしめる。 |
| | ④ | 悪い行いを改める。 |

# 漢字の読みかえ

漢字の読み方や意味を考えましょう。

| | | |
|---|---|---|
| 典 | ① | 「梅」の意味が知りたい時は辞典。 |
| | ② | 「梅」の種類が知りたい時は事典。 |
| | ③ | 「うめ」の文字が知りたい時は字典。 |
| 康 | ① | おじいちゃんの健康法は体そうだ。 |
| | ② | 毎朝、健康観察をする。 |
| | ③ | 健康的な生活を送る。 |
| 博 | ① | 博物館には化石がたくさんあった。 |
| | ② | 万国博らん会が大阪で行われる。 |
| | ③ | 大学で博士が研究する。 |
| 候 | ① | 日本の気候は北と南でちがう。 |
| | ② | 悪天候で遠足が中止になった。 |
| | ③ | 会長に立候ほする。 |

# 漢字の読みがえ

漢字の読み方や意味を考えましょう。

| 関 | ① | わたしには関係ありません。 |
|---|---|---|
| | ② | 人と関わりを持つ。 |
| | ③ | アニメに関心がある。 |
| | ④ | 昔の旅人は関所を通った。 |
| 観 | ① | 明日の参観日が楽しみ。 |
| | ② | 外国から多くの観光客が来る。 |
| | ③ | 観客席の最後列は見えにくい。 |
| | ④ | よく観察して、虫を見つけた。 |
| 印 | ① | 目印をつける。 |
| | ② | 矢印通りに進む。 |
| | ③ | 計算プリントを印刷する。 |
| | ④ | 荷物を受け取って、印かんをおす。 |

# 漢字の読みかえ

漢字の読み方や意味を考えましょう。

| | | |
|---|---|---|
| 老 | ① | 老人がつえをついて歩く。 |
| | ② | 老木が見事な花をさかす。 |
| | ③ | 九月にけい老の日がある。 |
| | ④ | 年老いた父と母をいたわる。 |
| 固 | ① | しっかりと地面に固定する。 |
| | ② | 雪を固めて、雪合戦をした。 |
| | ③ | どろだんごが固まる。 |
| | ④ | あの人は頭が固い。 |
| 側 | ① | 北側からの風が強い。 |
| | ② | ろう下の右側を歩く。 |
| | ③ | 立体の側面に絵をかく。 |
| | ④ | 練習して側転ができた。 |

# 4 同じ読み方

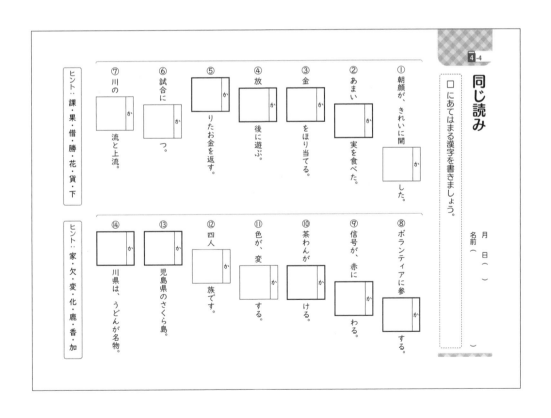

## 同じ読み

名前（　　　）

月　日（　）

□にあてはまる漢字を書きましょう。

① 朝顔が、きれいに開 □か した。

② あまい □か 実を食べた。

③ 金 □か をほり当てる。

④ 放 □か 後に遊ぶ。

⑤ □か りたお金を返す。

⑥ 試合に □か つ。

⑦ 川の □か 流と上流。

ヒント：課・果・借・勝・花・貨・下

⑧ ボランティアに参 □か する。

⑨ 信号が、赤に □か わる。

⑩ 茶わんが □か ける。

⑪ 色が、変 □か する。

⑫ 四人 □か 族です。

⑬ 児島県のさくら島。 □か

⑭ □か 川県は、うどんが名物。

ヒント：家・欠・変・化・鹿・香・加

# 同じ読み

□ にあてはまる漢字を書きましょう。

① 手を［あ　　　］げる。

② 戸を［あ　　　］ける。

③ 料金が［あ　　　］がる。

④ シャワーを［あ　　　］びる。

⑤ ［あい　　　］犬と散歩する。

⑥ 気の合う［あい　　　］手と会う。

⑦ 労［どう　　　］時間を計算する。

⑧ ［どう　　　］具をそろえる。

⑨ アフリカの［どう　　　］物。

⑩ クラス合［どう　　　］で水泳をする。

⑪ ［どう　　　］話の絵本。

⑫ 話を聞いて感［どう　　　］した。

ヒント：挙・浴・開・上・愛・相

ヒント：同・働・動・道・童・動

# 同じ読み

□ にあてはまる漢字を書きましょう。

① 満□□電車。

② プリントを□□つする。

③ 病気で人□□した。

④ □□食店が並んでいる。

⑤ □□人に席をゆずる。

⑥ 苦□□を重ねる。

⑦ 命□□に従う。

⑧ 矢□□のならようにする。

⑨ 算数の□□題。

⑩ □□ぞう庫で冷やす。

⑪ 火の□□に気をつける。

⑫ 助けを□□める。

ヒント：院・印・労・老・員・飲

ヒント：元・令・礼・例・求・冷

# 同じ読み

□にあてはまる漢字を書きましょう。

① し　名と年れいを書く。

② 前に立って　し　会をする。

③ し　賀県のびわ湖。

④ テストを開　し　する。

⑤ 声を合わせて　し　を読む。

⑥ サッカーの　し　合に出る。

⑦ し　科医をめざす。

⑧ 便　り　な品物を買う。

⑨ り　想を高く持つ。

⑩ 万　り　の長城に行く。

⑪ 円の直　けい　を計算する。

⑫ けい　馬場で馬を見る。

⑬ くじで　けい　品が当たる。

ヒント：試・氏・司・始・詩・滋・歯

ヒント：里・理・経・競・景・利

# 同じ読み

□にあてはまる漢字を書きましょう。

① 朝顔が、きれいに開[か]した。

② あま[か]い実を食べた。

③ 金[か]をほり当てる。

④ 放[か]後に遊ぶ。

⑤ [か]りたお金を返す。

⑥ 試合に[か]つ。

⑦ 川の[か]流と上流。

⑧ ボランティアに参[か]する。

⑨ 信号が、赤に[か]わる。

⑩ 茶わんが[か]ける。

⑪ 色が、変[か]する。

⑫ 四人[か]族です。

⑬ [か]児島県のさくら島。

⑭ [か]川県は、うどんが名物。

ヒント：課・果・借・勝・花・貨・下

ヒント：家・欠・変・化・鹿・香・加

# 同じ読み

□にあてはまる漢字を書きましょう。

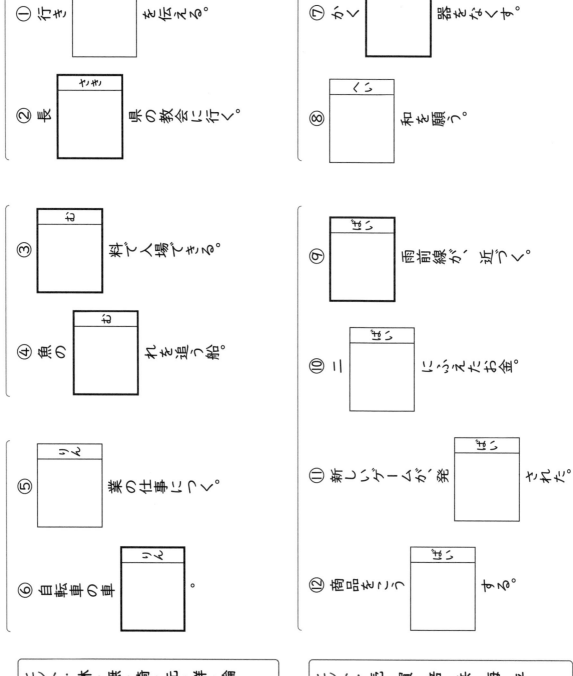

① 行き□を伝える。（さき）

② 長□県の教会に行く。（さき）

③ □料で入場できる。（む）

④ 魚の□れを造る船。（む）

⑤ □業の仕事につく。（りん）

⑥ 自転車の車□。（りん）

⑦ □器をなくす。（へい）

⑧ □和を願う。（へい）

⑨ □雨前線が近づく。（ばい）

⑩ 二□にふえたお金。（ばい）

⑪ 新しいゲームが発□された。（ばい）

⑫ 商品を□う する。（ばい）

ヒント：林・無・崎・先・群・輪

ヒント：売・買・倍・兵・梅・平

# 同じ読み

月　日（　　）

名前（　　　　　　　　　　）

□ にあてはまる漢字を書きましょう。

① 冬に□かん波がおそう。

② 血□かんには、血が流れている。

③ けい察□かんの仕事。

④ 図書□かんで勉強する。

⑤ □かん全に火を消す。

⑥ 理科の□かん察。

⑦ 家族□かん係を調べる。

⑧ □ぶ事に帰る。

⑨ 器用な□ぶ人。

⑩ □ぶ品を買い足す。

⑪ 力は五□ぶ五□ぶだ。

⑫ おはか□まいりに行く。

⑬ 新□まいを食べる。

# 同じ読み

月　日（　　）

名前（　　　　　　　　　　）

□ にあてはまる漢字を書きましょう。

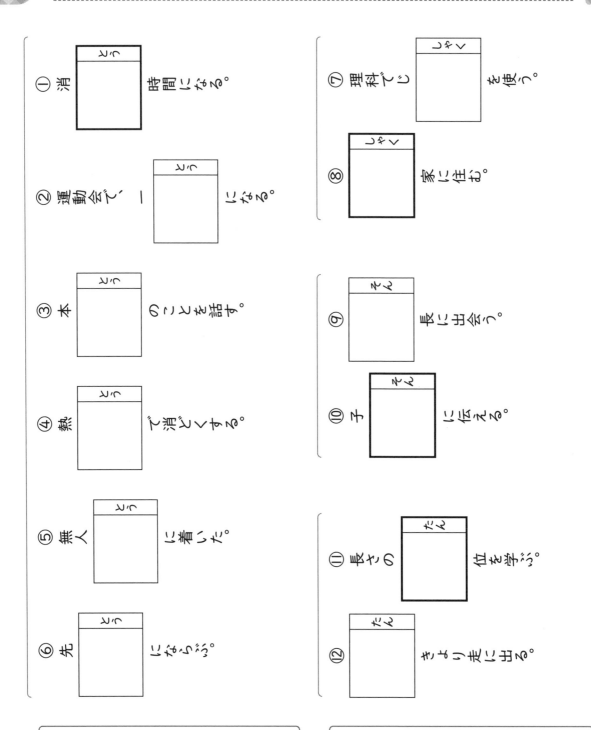

① 消 [とう]　時間になる。

② 運動会で一 [とう] になる。

③ 本 [とう] のことを話す。

④ 熱 [とう] で消どくする。

⑤ 無人 [とう] に着いた。

⑥ 先 [とう] にならぶ。

⑦ 理科で [しゃく] を使う。

⑧ [しゃく] 家に住む。

⑨ [そん] 長に出会う。

⑩ 子 [そん] に伝える。

⑪ 長さの [たん] 位を学ぶ。

⑫ [たん] きょり走に出る。

ヒント：当・湯・頭・灯・島・等

ヒント：単・村・孫・借・石・短

# 同じ読み

月　日（　　）
名前（　　　　　　　　）

□ にあてはまる漢字を書きましょう。

① □(な) 良県の山。

② □(な) の花畑。

③ 小鳥が □(な) く。

④ 赤ちゃんが □(な) く。

⑤ □(な)せ □ば る。

⑥ 空には、雲一つ □(な) い。

⑦ 作□(せん) を立てる。

⑧ □(せん) 手を選ぶ。

⑨ □(せん) 週の出来事。

⑩ 長く続く □(せん) 路。

⑪ 君の □(はつ) 言は、正しい。

⑫ 神社に □(はつ) もうでに行く。

ヒント：菜・奈・鳴・無・泣・成

ヒント：初・先・戦・選・線・発

# 同じ読み

□にあてはまる漢字を書きましょう。

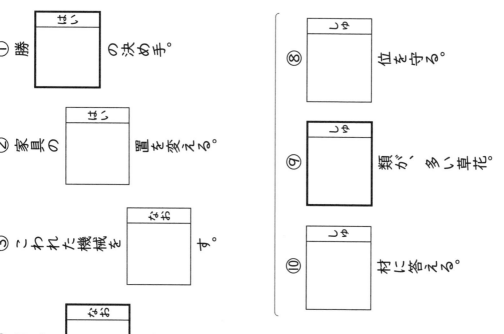

① 勝[はい]の決め手。

② 家具の[はい]置を変える。

③ こわれた機械を[なお]す。

④ 病気を[なお]す。

⑤ かけ算の九九を[あん]記する。

⑥ 教室に[あん]内する。

⑦ [あん]全に気をつける。

⑧ [しゅ]位を守る。

⑨ [しゅ]類が、多い草花。

⑩ [しゅ]材に答える。

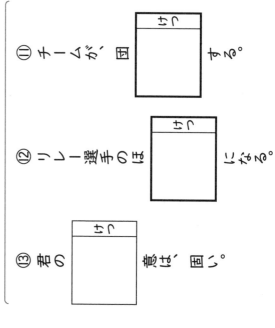

⑪ チームが団[けつ]する。

⑫ リレー選手の[けつ]になる。

⑬ 君の[けつ]意は、固い。

ヒント：直・暗・安・案・配・敗・治

ヒント：結・首・種・取・欠・決

86

# 同じ読み

月　日（　）

名前（　　　　　　　　　）

---

□にあてはまる漢字を書きましょう。

---

① 夏の[あつ]い日に出かける。

② 学校に[あつ]まる。

③ [あつ]いお茶を飲む。

④ 駅前の[さか]屋。

⑤ 急な[さか]道を歩く。

⑥ 商業で[さか]えた町。

⑦ 南[きょく]のペンギン。

⑧ 放送[きょく]で仕事をする。

⑨ この歌の[きょく]名は、何ですか？

⑩ 幸[ふく]な人生を送る。

⑪ [ふく]会長に立候ほする。

⑫ 洋[ふく]を用意する。

ヒント：熱・坂・酒・集・暑・栄

ヒント：福・副・曲・局・極・服

# 同じ読み

□にあてはまる漢字を書きましょう。

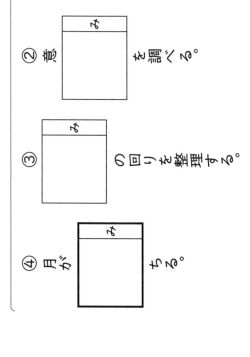

① □来の都市。（み）

② 意□を調べる。（み）

③ □の回りを整理する。（み）

④ 月が□ちる。（み）

⑤ □日が、まぶしい。（あさ）

⑥ □いプールで泳ぐ。（あさ）

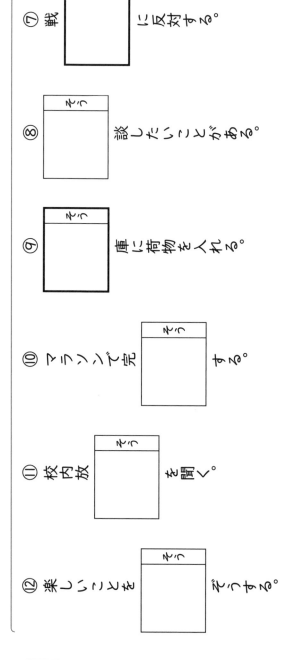

⑦ 戦□に反対する。（そう）

⑧ □談したいことがある。（そう）

⑨ □庫に荷物を入れる。（そう）

⑩ マラソンで完□する。（そう）

⑪ 校内放□を聞く。（そう）

⑫ 楽しいことを□うする。（そう）

ヒント：身・満・浅・朝・味・未

ヒント：倉・相・想・走・送・争

# 同じ読み

月　日（　）
名前（　　　　　　　）

□にあてはまる漢字を書きましょう。

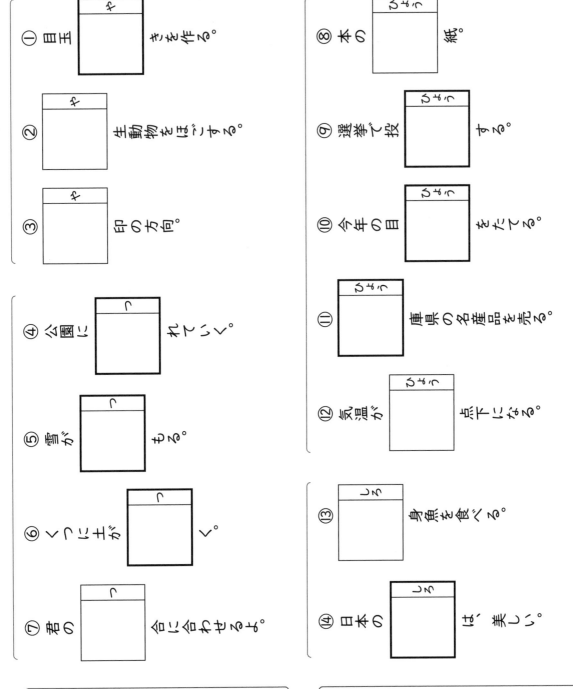

① 目玉 ［や］きを作る。

② ［や］生動物をほごする。

③ ［や］印の方向。

④ 公園に［つ］れていく。

⑤ 雪が［つ］もる。

⑥ くつに土が［つ］く。

⑦ 君の［つ］合に合わせるよ。

⑧ 本の［ひょう］紙。

⑨ 選挙で投［ひょう］する。

⑩ 今年の目［ひょう］をたてる。

⑪ ［ひょう］庫県の名産品を売る。

⑫ 気温が［ひょう］点下になる。

⑬ ［しろ］身魚を食べる。

⑭ 日本の［しろ］は、美しい。

ヒント：矢・都・連・付・積・野・焼

ヒント：票・標・白・表・城・氷・兵

# 同じ読み

□にあてはまる漢字を書きましょう。

① 最 ［しょ］ から知っていた。

② ［しょ］ 中見まいを出す。

③ ［しょ］ 写の時間。

④ 事む ［しょ］ で仕事をする。

⑤ 週 ［まつ］ に出かける。

⑥ ［まつ］ 林を歩く。

⑦ 神社の ［まつ］ りを楽しむ。

⑧ おじいさんは ［ぐん］ 人だった。

⑨ 都市部と ［ぐん］ 部に差が出る。

⑩ ［ぐん］ 馬県の温泉に入る。

⑪ 三角 ［じょう］ ぎの角度。

⑫ ［じょう］ 下町を歩く。

⑬ ［じょう］ 客を乗せて出発する。

ヒント：松・書・暑・初・祭・所・末

ヒント：群・郡・定・軍・乗・城

# 同じ読み

□ にあてはまる漢字を書きましょう。

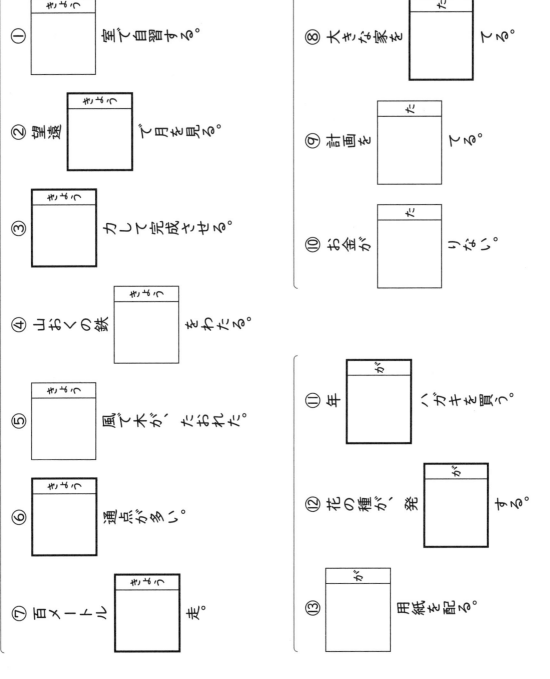

① □ょう 室で自習する。

② 望遠 □ょう で月を見る。

③ □ょう 力して完成させる。

④ 山おくの鉄 □ょう をわたる。

⑤ □ょう 風で木が たおれた。

⑥ □ょう 通点が多い。

⑦ 百メートル □ょう 走。

⑧ 大きな家を □た てる。

⑨ 計画を □た てる。

⑩ お金が □た りない。

⑪ 年 □が ハガキを買う。

⑫ 花の種が 発 □が する。

⑬ □が 用紙を配る。

ヒント：強・教・鏡・協・橋・共・競

ヒント：画・足・建・立・賀・芽

# 同じ読み

月　日（　）

名前（　　　　　　　）

□にあてはまる漢字を書きましょう。

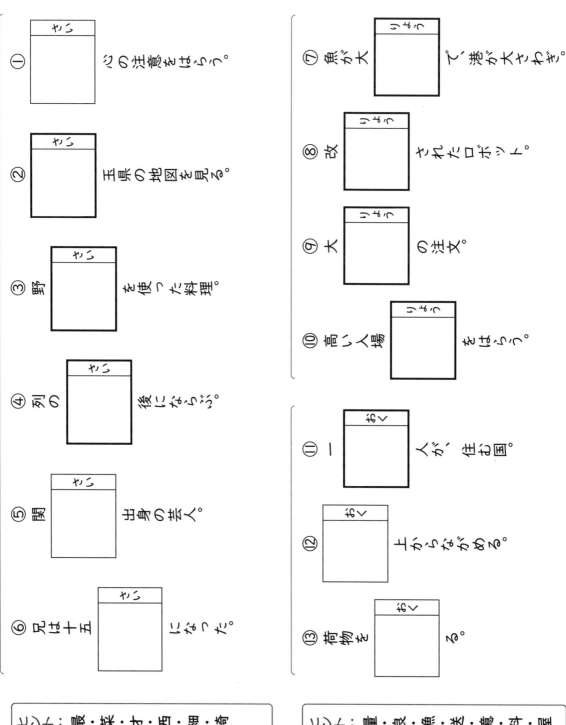

① [さい] 心の注意をはらう。

② [さい] 玉県の地図を見る。

③ 野[さい] を使った料理。

④ 列の[さい] 後にならぶ。

⑤ 関[さい] 出身の芸人。

⑥ 兄は十五[さい] になった。

⑦ 魚が大[りょう] で、港が大さわぎ。

⑧ 改[りょう] されたロボット。

⑨ 大[りょう] の注文。

⑩ 高い入場[りょう] をはらう。

⑪ 一[おく] 人が、住む国。

⑫ [おく] 上からながめる。

⑬ 荷物を[おく] る。

ヒント：最・菜・才・西・細・埼

ヒント：量・良・漁・送・億・料・屋

# 同じ読み

月　日（　　）
名前（　　　　　　　　　　）

□にあてはまる漢字を書きましょう。

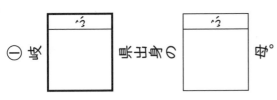

① 岐□県出身の□母。（ふ）

② キュリー□人の話。（ふ）

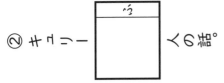

③ 学校□近を散歩する。（ふ）

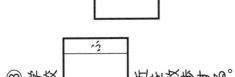

④ 都道□県を学習する。（ふ）

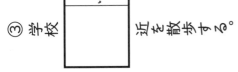

⑤ □士山をながめる。（ふ）

⑥ □だんに感じる。（ふ）

⑦ □安に思う。（ふ）

⑧ □服を着る。（い）

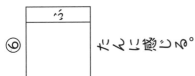

⑨ □戸のある家。（い）

⑩ 六才□上の人。（い）

⑪ 重さの単□を学ぶ。（い）

⑫ □者になりたい。（い）

⑬ 見を□う。（い）（い）

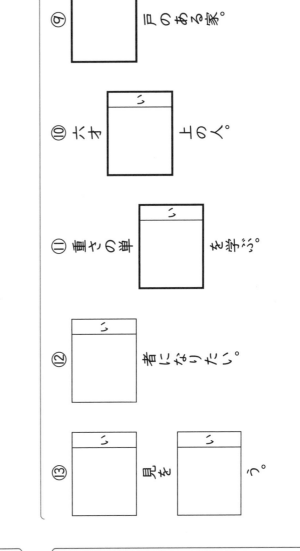

ヒント：府・不・富・負・付・夫・阜・父

ヒント：位・井・言・衣・以・意・医

# 同じ読み

月　日（　）

名前（　　　　　　　　　　　）

□にあてはまる漢字を書きましょう。

① ［かい］始時間は、十時です。

② ［かい］札口で待ち合わせる。

③ 工場にある機［かい］が動く。

④ 教室は、二［かい］にあります。

⑤ あいさつする機［かい］をのがした。

⑥ 世［かい］で一番大きな員。

⑦ おみやげを期［たい］する。

⑧ け［たい］電話を持つ。

⑨ 兵［たい］の人形。

⑩ ［たい］育館に集まる。

⑪ 強いチームと［たい］戦する。

⑫ 連［ぞく］番組を録画する。

⑬ 家［ぞく］旅行で沖縄に行く。

ヒント：開・界・改・階・械・会

ヒント：族・対・体・帯・隊・待・続

4-18

# 同じ読み

月　日（　）

名前（　　　　　　　　　）

---

□ にあてはまる漢字を書きましょう。

① 広い土□ち。

② 地元の自□ち会に加入する。

③ □ち葉県の鉄道。

④ 位□ちをかえる。

⑤ 気が□ちって勉強ができない。

⑥ □ち人に会う。

⑦ □ぎ阜県の特産物。

⑧ □ぎ長を選出する。

⑨ □まち角のお店。

⑩ □まちと村。

⑪ □じん社のお祭りに行く。

⑫ そう理大□じんの写真。

---

ヒント：知・治・千・置・散・地

ヒント：臣・街・町・議・岐・神

95

# 同じ読み

月　日（　　）
名前（　　　　　　　　　　）

---

□にあてはまる漢字を書きましょう。

① 人を　□さ　別してはいけない。

② □さ　賀県は九州にある。

③ 目が　□さ　める。

④ お湯を　□さ　ましてから飲む。

⑤ ゴールを　□さ　し示す。

⑥ 同じ動　□さ　をくり返す。

⑦ 家　□しん　は、王様を信じている。

⑧ 友達を　□しん　用する。

⑨ 大学に　□しん　学する。

⑩ □しん　長が、のびた。

⑪ □へん　事がない。

⑫ 気温の　□へん　化が、はげしい。

⑬ 二等　□へん　三角形。

ヒント：覚・指・差・佐・冷・作

ヒント：変・臣・身・辺・進・信・返

# 同じ読み

□にあてはまる漢字を書きましょう。

① 引き出しの中を［せい］理する。

② 作文を［せい］書する。

③ 子馬が［せい］長する。

④ 良くなかったと反［せい］する。

⑤ 熱が高いので安［せい］にする。

⑥ 雲一つない［せい］天。

⑦ アニメの［せい］ゆうになる。

⑧ ［ほう］丁を買う。

⑨ 良い方［ほう］を考える。

⑩ 校庭を開［ほう］する。

⑪ おべん当の［なか］身。

⑫ ［なか］間が集まる。

⑬ 人生の［なか］ば。

ヒント：静・晴・清・省・声・成・整

ヒント：法・仲・中・半・包・放

97

# 同じ読み

月　日（　　）
名前（　　　　　　　）

□にあてはまる漢字を書きましょう。

① 〔でん〕□ 車に乗る。

② テレビで□せん〔でん〕している。

③ □〔し〕 れています。

④ 図書□〔し〕 で読む。

⑤ 両□〔て〕 で持つ。

⑥ 太陽が□〔て〕 りつける。

⑦ 鳥の□〔す〕 箱を観察する。

⑧ 犬が、大□〔す〕 きです。

⑨ はん画を□〔す〕 る。

⑩ 都会に□〔す〕 む。

⑪ □〔やく〕 束の場所に行く。

⑫ 畑に農□〔やく〕 をまく。

⑬ 市□〔やく〕 所で働く。

ヒント：夫・室・伝・手・照・電

ヒント：薬・刷・好・巣・役・約・住

# 同じ読み

□にあてはまる漢字を書きましょう。

① [しょう]　火器で火を消す。

② [しょう]　利は、目前です。

③ 説明を[しょう]りゃくする。

④ [しょう]　売を始める。

⑤ お正月の[しょう]　竹梅。

⑥ 音楽の時間に合[しょう]する。

⑦ [しょう]　明器具を買う。

⑧ 夜店で金[ぎょ]すくいをした。

⑨ [ぎょ]　船の船長。

⑩ ねん土を[かた]めてお皿を作る。

⑪ 未来を[かた]る青年。

⑫ [べん]　利な乗り物。

⑬ 試験[べん]　強をがんばる。

ヒント：商・省・照・唱・勝・消・松

ヒント：魚・語・固・便・漁・勉

# 同じ読み

月　日（　　）

名前（　　　　　　　　　　）

□にあてはまる漢字を書きましょう。

① □分には、豆まきをする。（せつ）

② □実な願い事。（せつ）

③ いろんで足を□いた。（せつ）

④ □明書を読む。（せつ）

⑤ 残□が残る山。（せつ）

⑥ □年は、うるう年でした。（きょ）

⑦ 選□で市長を選ぶ。（きょ）

⑧ □めての体験。（はじ）

⑨ 夏休みが□まる。（はじ）

⑩ 山おくの小さな□。（むら）

⑪ ありが□がる。（むら）

⑫ 算数の□題をする。（しゅく）

⑬ □日を祝う。（しゅく）

ヒント：折・説・節・去・切・挙・雪

ヒント：群・村・宿・始・初・祝

# 同じ読み

□にあてはまる漢字を書きましょう。

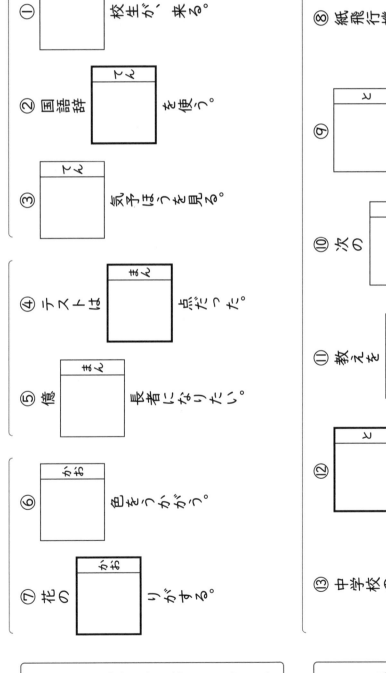

① □校生が、来る。

② 国語辞□を使う。

③ 気□ほうを見る。

④ テストは□点だった。

⑤ 億□長者になりたい。

⑥ □色をうかがう。

⑦ 花の□りがする。

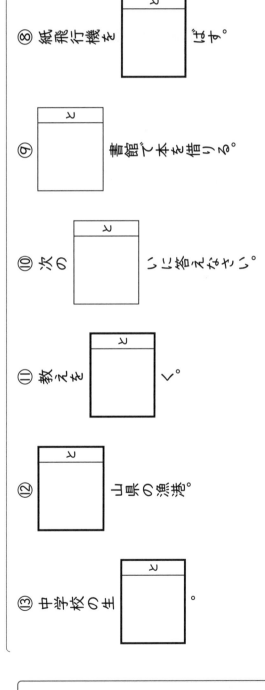

⑧ 紙飛行機を□ばす。

⑨ □書館で本を借りる。

⑩ 次の□に答えなさい。

⑪ 教えを□く。

⑫ □山県の漁港。

⑬ 中学校の生□。

ヒント：満・顔・典・転・万・香・天

ヒント：説・問・図・飛・徒・富

# 同じ読み

月　日（　　）
名前（　　　　　　　　　）

□ にあてはまる漢字を書きましょう。

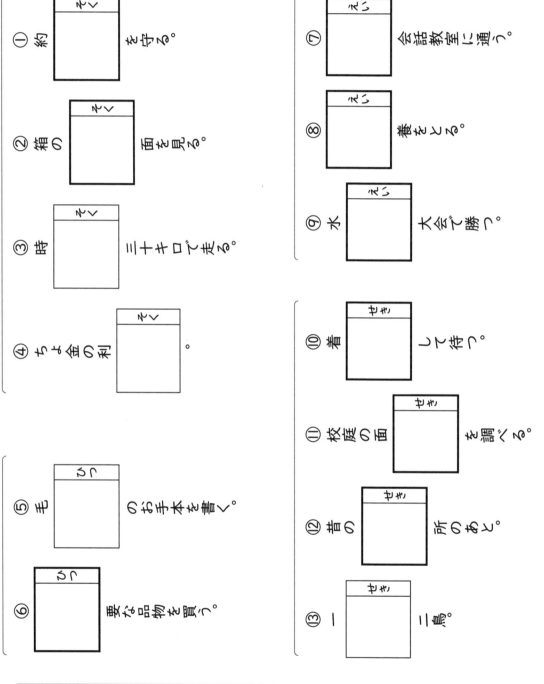

① 約［そく］を守る。

② 箱の［そく］面を見る。

③ 時［そく］三十キロで走る。

④ ちょ金の利［そく］。

⑤ 毛［ひつ］のお手本を書く。

⑥ ［ひつ］要な品物を買う。

⑦ ［えい］会話教室に通う。

⑧ ［えい］養をとる。

⑨ 水［えい］大会で勝つ。

⑩ 着［せき］して待つ。

⑪ 校庭の面［せき］を調べる。

⑫ 昔の［せき］所のあと。

⑬ 一［せき］二鳥。

ヒント：筆・速・必・息・側・束

ヒント：英・関・栄・泳・席・積・石

102

# 同じ読み

□にあてはまる漢字を書きましょう。

① ⬚（ど）力を重ねる。

② 今日の気温は、三十⬚（ど）。

③ 体重を⬚（はか）る。

④ 時間を⬚（はか）る。

⑤ ⬚（はく）物館を見学する。

⑥ 紙に⬚（はく）をもどす。

⑦ 新⬚（め）が出る。

⑧ 三時間⬚（め）の学習が始まる。

⑨ 長年の⬚（がん）望が、かなう。

⑩ 海⬚（がん）に波が打ちよせる。

⑪ 田⬚（はた）を守る。

⑫ 白⬚（はた）をふる。

ヒント：度・博・度・努・白・計

ヒント：目・旗・岸・願・芽・畑

# 同じ読み

□にあてはまる漢字を書きましょう。

① 計□（さん）ドリルをする。

② 野菜の□（さん）地を調べる。

③ 大□（さん）と歩する。

④ 話し合いに□（さん）加する。

⑤ 富士□（さん）に登る。

⑥ □（さん）輪車をこぐ。

⑦ 主語に□（かか）る言葉。

⑧ 全体に□（かか）わる問題。

⑨ □（ろく）音して聞き返す。

⑩ □（ろく）時に夕食を食べる。

⑪ □（いわ）場に立つ。

⑫ 新年を□（いわ）う。

ヒント：参・算・産・山・散・三

ヒント：録・六・岩・係・祝・関

# 同じ読み

月　日（　　）

名前（　　　　　　　　　　）

□ にあてはまる漢字を書きましょう。

① ゆう□　気がわいてくる。

② 親□ゆう　と約束する。

③ 左□ゆう　を見る。

④ □ゆう　歩道を歩く。

⑤ □ゆう　名人のサインをもらう。

⑥ 自□ゆう　に行動する。

⑦ ダイヤの指□わ　をもらった。

⑧ 野球の□わ　題になる。

⑨ 意味が□わ　かった。

⑩ □わ　食と洋食。

⑪ 田中□ん　は、友達です。

⑫ ひなん□ん　練をする。

ヒント：有・友・遊・勇・右・由

ヒント：輪・訓・和・話・分・君

# 同じ読み

月　日（　　）
名前（　　　　　　　　）

□にあてはまる漢字を書きましょう。

① ［よ］　□定を変える。

② ［よ］　□には不思議なことがある。

③ ［よ］　□い品物を選ぶ。

④ ［よ］　本を□む。

⑤ ［てい］　お店は□休日だった。

⑥ ［てい］　校庭の□木を写生する。

⑦ ［てい］　海の□にもぐる。

⑧ ［ひ］　□鳴をあげた。

⑨ ［ひ］　□行場は、広い。

⑩ ［ひ］　□肉を言う。

⑪ ［ひ］　頭を□やす。

⑫ ［まわ］　池の□りを歩く。

⑬ ［まわ］　こまを□す。

ヒント：低・世・予・読・良・底・定

ヒント：皮・冷・回・周・飛・悲

# 同じ読み

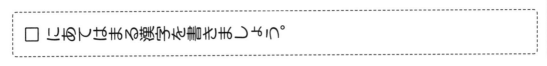

月　日（　　）
名前（　　　　　　　）

□にあてはまる漢字を書きましょう。

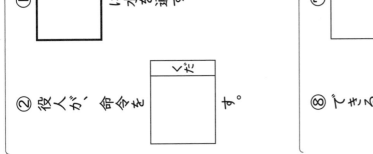

① ［くだ］に水を通す。

② 役人が、命令を［くだ］す。

③ 行動を［とも］にする。

④ ［とも］達は、大事だ。

⑤ ［ぼく］場に牛と羊がいた。

⑥ 土［ぼく］工事が、終わる。

⑦ ［こころ］をこめて話す。

⑧ できるかどうか［こころ］みる。

⑨ ［とく］大のケーキ。

⑩ 道［とく］の勉強をする。

⑪ ［くら］い部屋に入る。

⑫ ［くら］の中に大事な物がある。

ヒント：友・牧・下・管・木・共

ヒント：暗・特・徳・心・倉・試

# 同じ読み

月　日（　　）
名前（　　　　　　　　　）

□にあてはまる漢字を書きましょう。

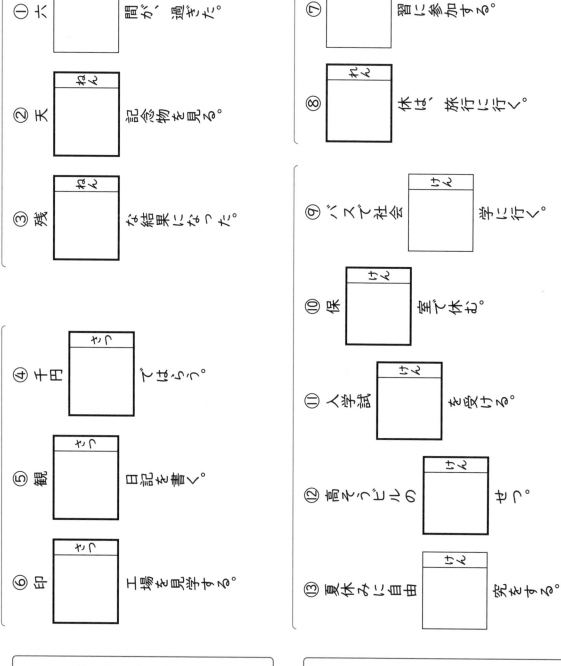

① 六[ねん]間が、過ぎた。

② 天[ねん]記念物を見る。

③ 残[ねん]な結果になった。

④ 千円[さつ]ではらう。

⑤ 観[さつ]日記を書く。

⑥ 印[さつ]工場を見学する。

⑦ [れん]習に参加する。

⑧ [れん]休は、旅行に行く。

⑨ バスで社会[けん]学に行く。

⑩ 保[けん]室で休む。

⑪ 入学試[けん]を受ける。

⑫ 高そうビルの[けん]せつ。

⑬ 夏休みに自由[けん]究をする。

ヒント：念・刷・察・然・年・札

ヒント：験・連・建・研・健・見・練

# 同じ読み

□にあてはまる漢字を書きましょう。

① 年末に[　キ　]省する。

② 飛行[　キ　]に乗る。

③ 洋服を[　キ　]る。

④ 暑い[　キ　]節になった。

⑤ おしゃれな食[　キ　]を買う。

⑥ 大事なことを[　キ　]録しておく。

⑦ [　キ　]立して聞く。

⑧ [　キ　]望通りになる。

⑨ 学[　キ　]末のじゅんだん会。

⑩ 校[　キ　]に注目して歌う。

⑪ 鳥が、卵を[　う　]む。

⑫ 庭に花を[　う　]える。

⑬ 京都[　う　]まれの人。

ヒント：帰・記・起・着・季・機・器

ヒント：期・生・希・産・旗・植

# 同じ読み

月　日（　）
名前（　　　　　　　　）

□にあてはまる漢字を書きましょう。

① 失敗は、成□のもと。

② イチゴは、大□物です。

③ 悪天□で中止になる。

④ 店番を□代する。

⑤ 兄は□校生だ。

⑥ 健□に気をつける。

⑦ この話は□外してはいけない。

⑧ 空□から旅行に出発する。

⑨ 右の方□を見る。

⑩ 苦戦で□ぎゃく点した。

⑪ □運にめぐまれる。

⑫ 参□書を買う。

ヒント：高・好・功・康・候・文

ヒント：後・向・港・口・幸・考

# 同じ読み

□にあてはまる漢字を書きましょう。

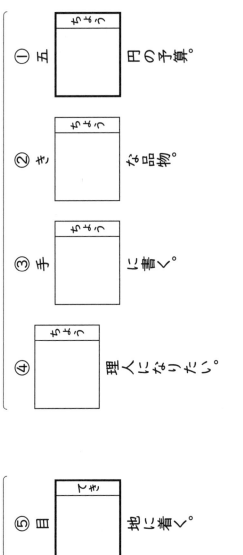

① 五□[ちょう]円の予算。

② □[ちょう]な品物。

③ 手□[ちょう]に書く。

④ □[ちょう]理人になりたい。

⑤ 目□[てき]地に着く。

⑥ 船の汽□[てき]が聞こえる。

⑦ わたしもいつかは□[お]いる。

⑧ □[お]ち葉をひろう。

⑨ 赤みを□[お]びた土。

⑩ □[お]れた枝。

⑪ かばんを□[お]く。

⑫ 後を□[お]う。

⑬ 体を□[お]こす。

ヒント：笛・兆・調・帳・重・的

ヒント：折・帯・落・置・老・追・起

111

□ にあてはまる漢字を書きましょう。

① ちりが多いと目が□□している。　か〈

② 全国□地に出かける。　か〈

③ 三□形をかく。　か〈

④ 金□にお金を入れる。　こ

⑤ 滋賀県のびわ□で泳ぐ。　こ

⑥ たおれないように□定する。　こ

⑦ 中□品を買う。　こ

⑧ 運動場を五□走る。　しゅう

⑨ □合写真をとる。　しゅう

⑩ 最□回を録画した。　しゅう

⑪ 春夏□冬の季節。　しゅう

⑫ 来□九□に行く。　しゅう　しゅう

⑬ 四年生で学□する漢字。　しゅう

ヒント：古・各・庫・湖・角・覚・固

ヒント：週・習・集・州・周・終・秋

# 同じ読み

□にあてはまる漢字を書きましょう。

① 赤い □は 根のぼ金をする。

② □は てしなく広がる海。

③ □は みがきをわすれずにする。

④ 明日の天気は □れ。

⑤ 絵 □書を送る。

⑥ 台風で □う注意ほうが出た。

⑦ ひげを □やす。

⑧ 特 □きゅう 列車に乗る。

⑨ 野 □きゅう の練習をする。

⑩ 今週は □きゅう 食当番です。

⑪ 植物の研 □きゅう をする。

⑫ 同 □きゅう 生と遊ぶ。

⑬ 強く要 □きゅう する。

ヒント：葉・歯・果・波・晴・羽・生

ヒント：給・急・球・求・究・級

113

# 同じ読み

□ にあてはまる漢字を書きましょう。

① [がい] 国へ行く。

② 虫をたい治する。 [がい]

③ 商店 [がい] のお店。

④ [はん] 分に分ける。

⑤ お祝いで赤 [はん] を食べた。

⑥ 予想に [はん] する。

⑦ [じ] 童公園で遊ぶ。

⑧ 本を [じ] 参する。

⑨ 明 [じ] 時代の建物。

⑩ [じ] 書で調べる。

⑪ [じ] 信をもつ。

⑫ 京都の金かく [じ] 。

⑬ 漢 [じ] は、中国から伝わった。

ヒント：外・半・街・書・飯・反

ヒント：辞・治・持・児・字・寺・自

114

# 同じ読み

月　日（　）

名前（　　　　　　　　　　　　　）

---

□にあてはまる漢字を書きましょう。

① □ 年の出来事を思い出す。

② 君の □ 品は、すばらしい。

③ □ 分の取りすぎです。

④ 明日は □ 足です。

⑤ 動物 □ に出かける。

⑥ コンパスで □ をかく。

⑦ 室内の □ 子をうかがう。

⑧ 太 □ が、照りつける。

⑨ 栄 □ のある食べ物を食べる。

⑩ 必 □ な品物をそろえる。

⑪ 宿題は □ 部できた。

⑫ 自 □ を守る。

ヒント：昨・遠・園・円・塩・作

ヒント：全・要・陽・様・然・養

# 4

# 都道府県名

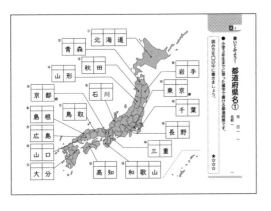

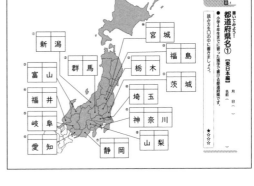

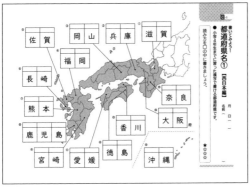

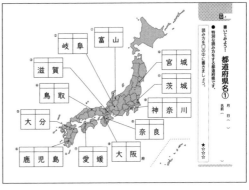

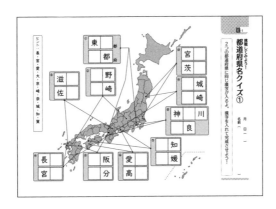

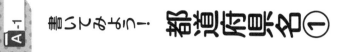

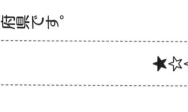

書いてみよう！ **都道府県名①**

月　日（　　）

名前（　　　　　　　　　　　　　）

● 小学3年生までに習った漢字で書ける都道府県です。

読み方を□の中に書きましょう。　　★☆☆☆

⑱ 岩手
⑰ 東京都
⑯ 千葉
⑮ 長野
⑭ 三重
⑬ 和歌山
① 北海道
③ 秋田
⑤ 石川
② 青森
④ 山形
⑫ 高知
⑦ 鳥取
⑥ 京都府
⑧ 島根
⑨ 広島
⑩ 山口
⑪ 大分

# 書いてみよう！ 都道府県名②

月　日（　　）

名前（　　　　　　　　　　　　）

● 小学3年生までに習った漢字で書ける都道府県です。

□に漢字を書きましょう。　　　　　　★★☆☆

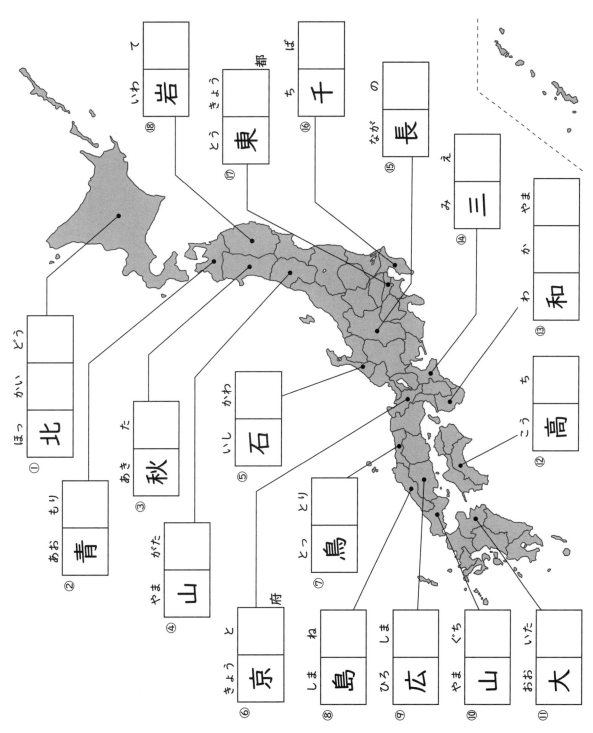

① ほっ かい どう 北　　　道

② あお もり 青　　

③ あき た 秋　　

④ やま がた 山　　

⑤ いし かわ 石　　

⑥ きょう と 京　　府

⑦ とっ とり 鳥　　

⑧ しま ね 島　　

⑨ ひろ しま 広　　

⑩ やま ぐち 山　　

⑪ おお いた 大　　

⑫ こう ち 高　　

⑬ わ か やま 和　　山

⑭ み え 三　　

⑮ なが の 長　　

⑯ ち ば 千　　

⑰ とう きょう 東　　都

⑱ いわ て 岩

書いてみよう！ 都道府県名③

月　日（　　）

名前（　　　　　　　　　　　）

● 小学3年生までに習った漢字で書ける都道府県です。

□に漢字を書きましょう。　　★★★☆

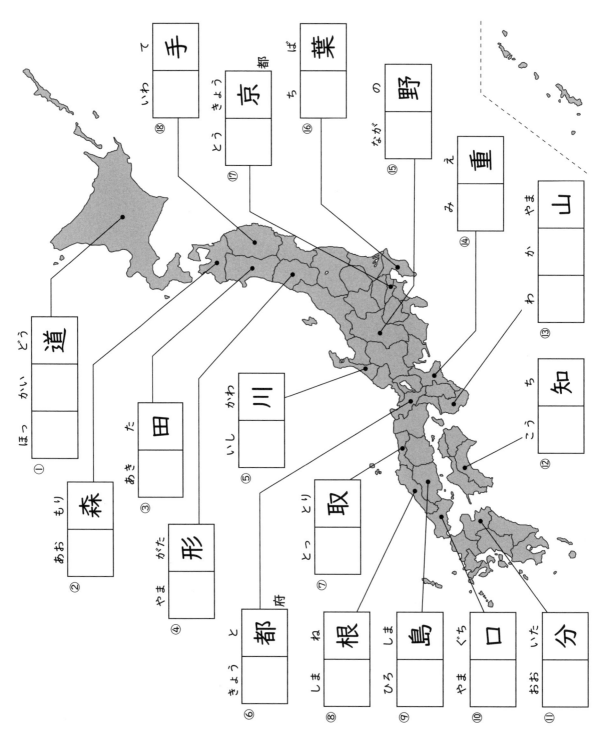

# 書いてみよう！ 都道府県名④

月　日（　）

名前（　　　　　　　　）

● 小学3年生までに習った漢字で書ける都道府県です。

□に漢字を書きましょう。　★★★★

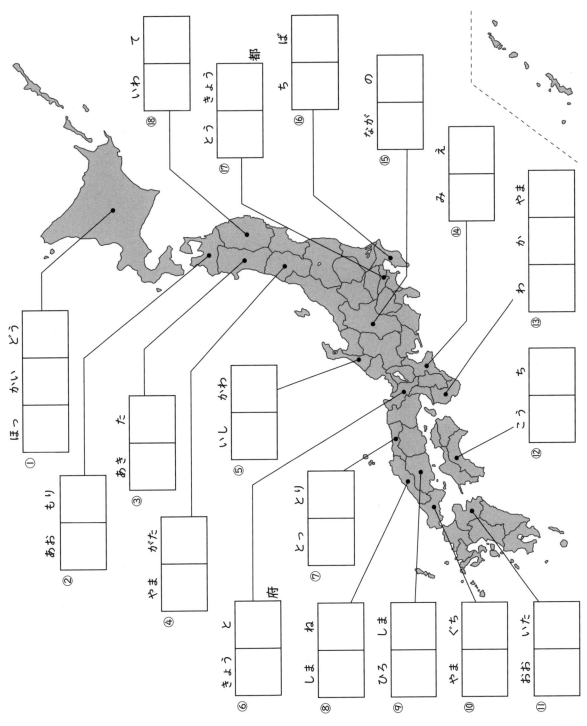

① ほっ かい どう
② あお もり
③ あき た
④ やま がた
⑤ いし かわ
⑥ きょう と（府）
⑦ とっ とり
⑧ しま ね
⑨ ひろ しま
⑩ やま ぐち
⑪ おお いた
⑫ こう ち
⑬ わ か やま
⑭ み え
⑮ なが の
⑯ ち ば
⑰ とう きょう（都）
⑱ いわ て

121

# 書いてみよう！ 都道府県名① 【東日本編】

月　日（　　）

名前（　　　　　　　　　）

● 小学4年生までに習った漢字で書ける都道府県です。

読み方を□の中に書きましょう。　★☆☆☆

# 都道府県名② 【東日本編】

書いてみよう!

月　日（　　）

名前（　　　　　　　　　　　　）

● 小学4年生までに習った漢字で書ける都道府県です。

□に漢字を書きましょう。　★★☆☆

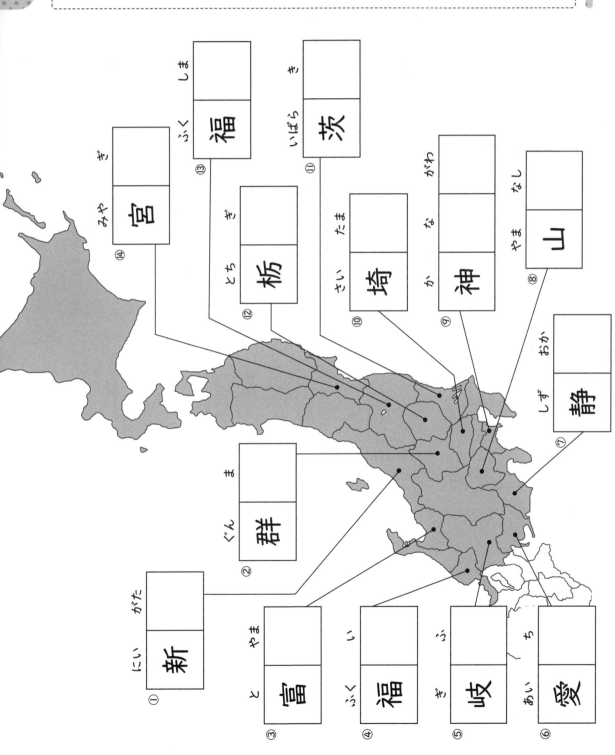

⑬ ふく・しま　福□

⑪ いばら・き　茨□

⑭ みや・ぎ　宮□

⑫ とち・ぎ　栃□

⑩ さい・たま　埼□

⑨ か・な・がわ　神□□

⑧ やま・なし　山□

⑦ しず・おか　静□

② ぐん・ま　群□

① にい・がた　新□

③ と・やま　富□

④ ふく・い　福□

⑤ ぎ・ふ　岐□

⑥ あい・ち　愛□

# 都道府県名③ 【東日本編】

書いてみよう！

月　日（　　）

名前（　　　　　　　　　　）

● 小学4年生までに習った漢字で書ける都道府県です。

□に漢字を書きましょう。　★★★☆

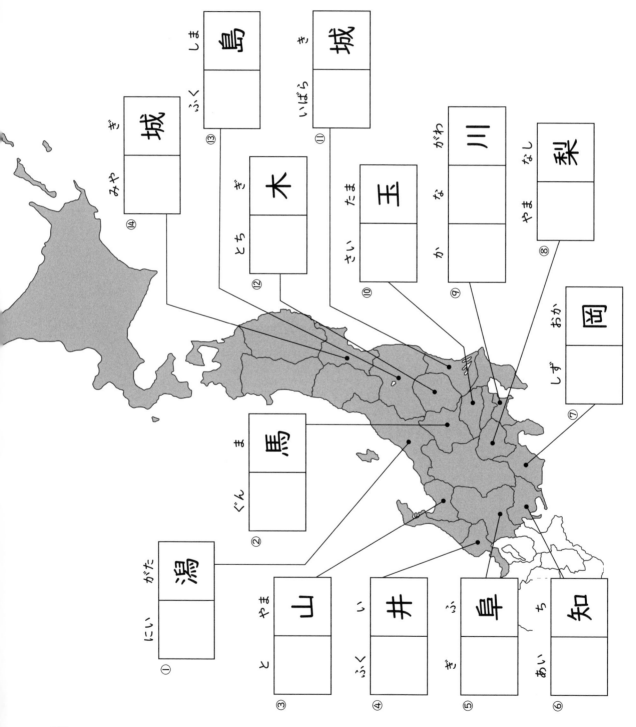

① にい | がた　潟
② ぐん | ま　馬
③ やま | と　山
④ い | ふく　井
⑤ ふ | ぎ　阜
⑥ あい | ち　知
⑦ しず | おか　岡
⑧ やま | なし　梨
⑨ な | か　がわ　川
⑩ さい | たま　玉
⑪ いばら | き　城
⑫ とち | ぎ　木
⑬ ふく | しま　島
⑭ みや | ぎ　城

書いてみよう！
# 都道府県名④ 【東日本編】

月　日（　）

名前（　　　　　　　　　）

● 小学4年生までに習った漢字で書ける都道府県です。

□に漢字を書きましょう。 ★★★★

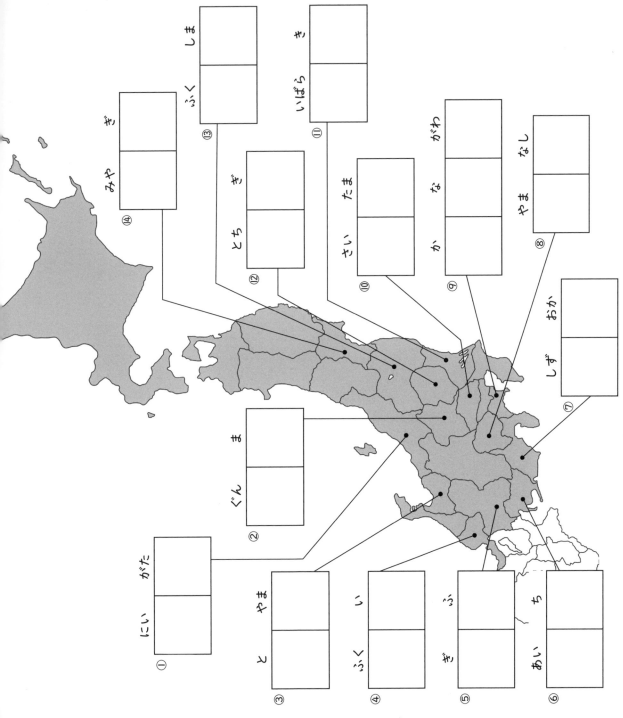

書いてみよう！

# 都道府県名① 【西日本編】

月　日（　　）

名前（　　　　　　　　　　　）

● 小学4年生までに習った漢字で書ける都道府県です。

読み方を□の中に書きましょう。　　　★☆☆☆

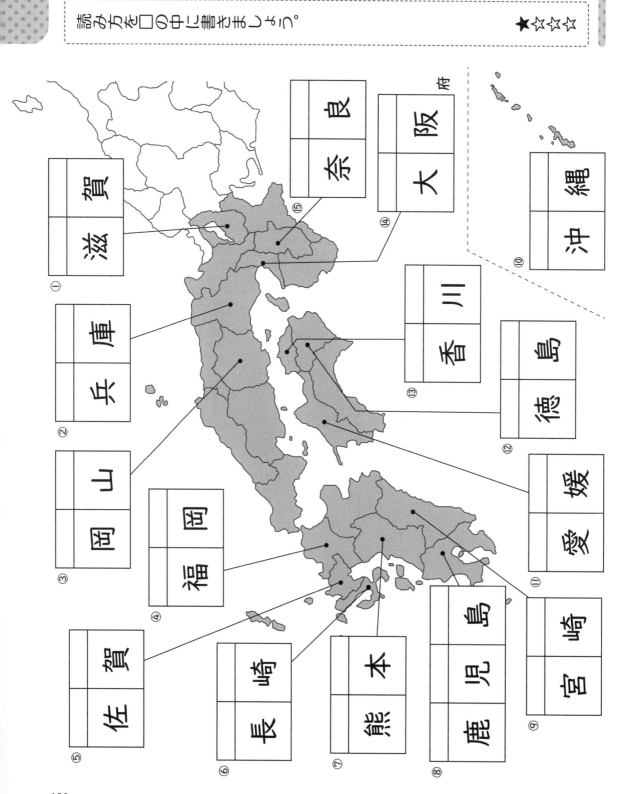

① 滋賀

② 兵庫

③ 岡山

④ 福岡

⑤ 佐賀

⑥ 長崎

⑦ 熊本

⑧ 鹿児島

⑨ 宮崎

⑩ 沖縄

⑪ 愛媛

⑫ 徳島

⑬ 香川

⑭ 大阪府

⑮ 奈良

書いてみよう！
# 都道府県名② 【西日本編】

月　日（　　）
名前（　　　　　　　　　　）

● 小学4年生までに習った漢字で書ける都道府県です。

□に漢字を書きましょう。　　★★☆☆

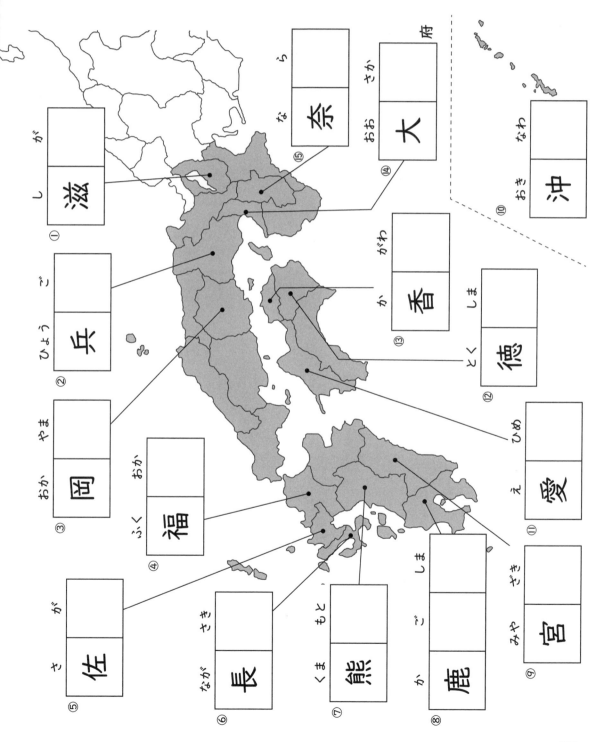

① し□が　滋
② ひょう□ご　兵
③ おか□やま　岡
④ ふ□く　福
⑤ さ□が　佐
⑥ なが□さき　長
⑦ く□ま□もと　熊
⑧ か□ご□しま　鹿
⑨ みや□ざき　宮
⑩ おき□なわ　沖
⑪ え□ひめ　愛
⑫ とく□しま　徳
⑬ か□がわ　香
⑭ おお□さか　大□府
⑮ な□ら　奈

# 書いてみよう！ 都道府県名③ 【西日本編】

月　日（　　）
名前（　　　　　　　　　　　）

● 小学4年生までに習った漢字で書ける都道府県です。

□に漢字を書きましょう。　　★★★☆

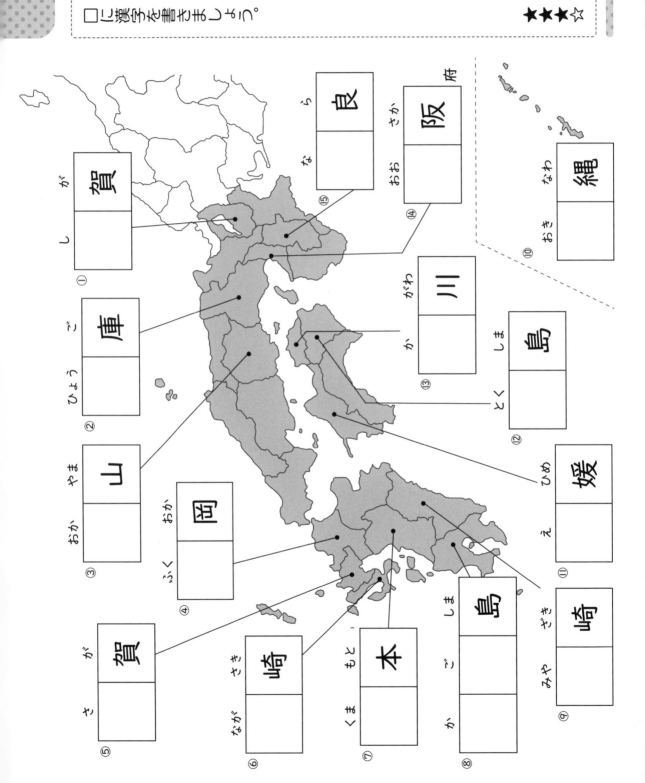

# 書いてみよう！ 都道府県名④ 【西日本編】

月　日（　）
名前（　　　　　　　　）

● 小学4年生までに習った漢字で書ける都道府県です。

□に漢字を書きましょう。　★★★★

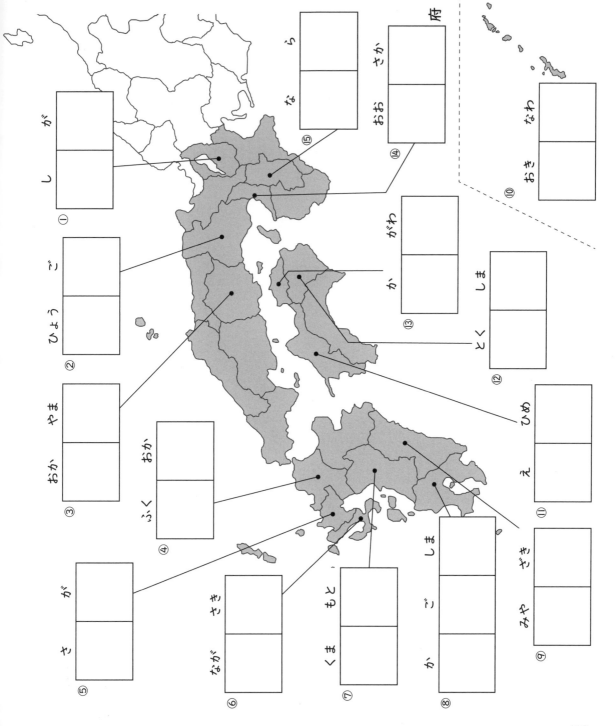

① し が

② ひょう ご

③ おか やま

④ ふく おか

⑤ さ が

⑥ なが さき

⑦ くま もと

⑧ か ご しま

⑨ みや ざき

⑩ おき なわ

⑪ え ひめ

⑫ とく しま

⑬ か がわ

⑭ おお さか 府

⑮ な ら

書いてみよう! **都道府県名①**

月　日（　　）

名前（　　　　　　　　　　　　）

● 特別な読み方をする都道府県です。

読み方を□の中に書きましょう。　　　★☆☆☆

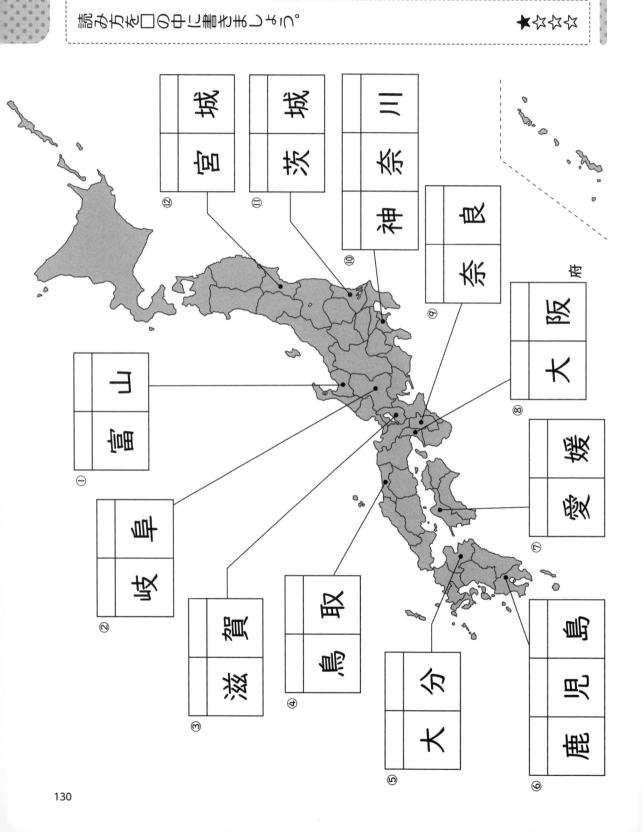

① 富山

② 岐阜

③ 滋賀

④ 鳥取

⑤ 大分

⑥ 鹿児島

⑦ 愛媛

⑧ 大阪府

⑨ 奈良

⑩ 神奈川

⑪ 茨城

⑫ 宮城

# 書いてみよう！ 都道府県名②

月 日（ ）
名前（ ）

● 特別な読み方をする都道府県です。

□に漢字を書きましょう。 ★★☆☆

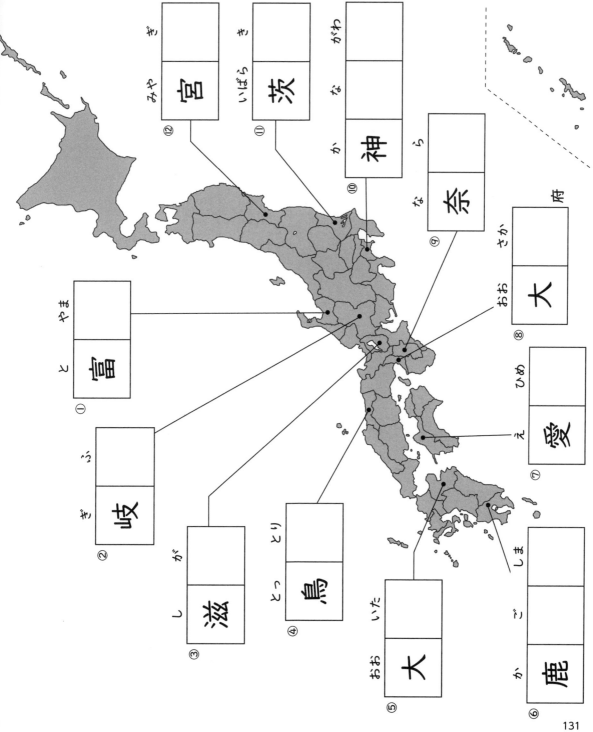

書いてみよう・**都道府県名③**　月　日（　　）

名前（　　　　　　　　　　　　）

● 特別な読み方をする都道府県です。

□に漢字を書きましょう。　★★★☆

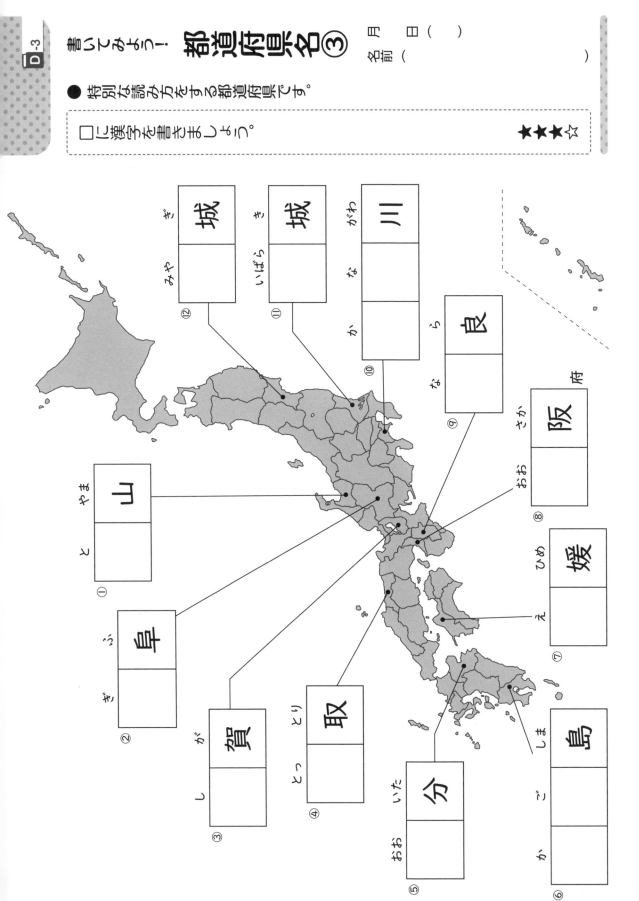

書いてみよう！ **都道府県名④**

月 日（ ）

名前（ ）

● 特別な読み方をする都道府県です。

□に漢字を書きましょう。 ★★★★

⑫ ぎ・みや

⑪ き・いばら

⑩ がわ・な・か

⑨ ら・な

⑧ おお・さか・府

① と・やま

② ふ・ぎ

③ し・が

④ とり・と

⑤ おお・いた

⑥ か・ご・しま

⑦ え・ひめ

133

# 挑戦してみよう！都道府県名クイズ①

月　日（　　）

名前（　　　　　　　　　　）

2つの都道府県に同じ漢字が入るよ。漢字を入れて完成させよう！

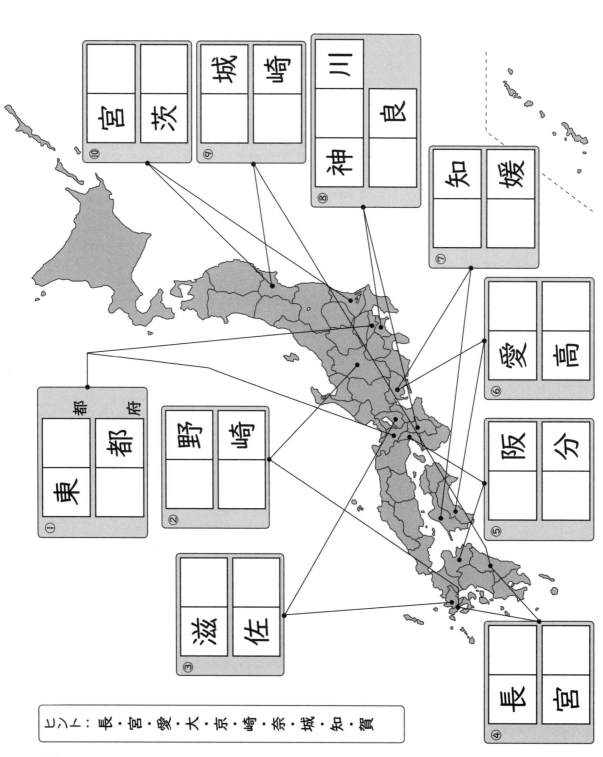

⑩ 宮 ___・茨 ___　___ 城・___ 崎

⑨ ___ 城・___ 崎

⑧ 神 ___・___ 良　___ 川

⑦ 知 ___・___ 媛

⑥ 愛 ___・___ 高

⑤ ___ 阪・___ 分

④ 長 ___・___ 宮

③ 滋 ___・佐 ___

② ___ 野・___ 崎

① 東 ___（都）・___ 都（府）

ヒント：長・宮・愛・大・京・崎・奈・城・知・賀

E-2

# 挑戦してみよう！
# 都道府県名クイズ②

月　　日（　　）

名前（　　　　　　　　　　　　　　　）

同じ漢字を使っている都道府県が全部書けるかな。

※難しいときは、118、122、126、130ページを見て、さがしてみてね。

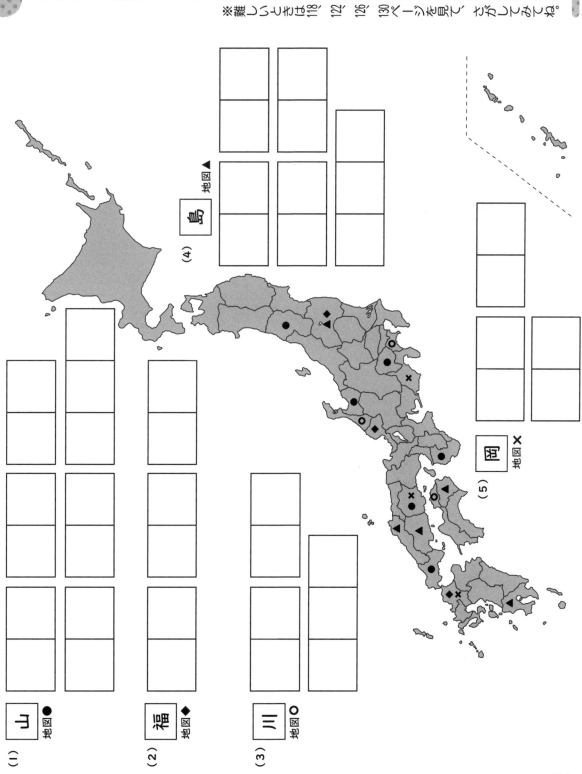

(4) 鳥 地図▲

(5) 岡 地図✕

(1) 山 地図●

(2) 福 地図◆

(3) 川 地図〇

# 挑戦してみよう！
# 都道府県名クイズ③

月　日（　　）

名前（　　　　　　　　　　）

同じ漢字を使っている都道府県が全部書けるかな？

※難しいときは118、122、126、130ページを見て、さがしてみてね。

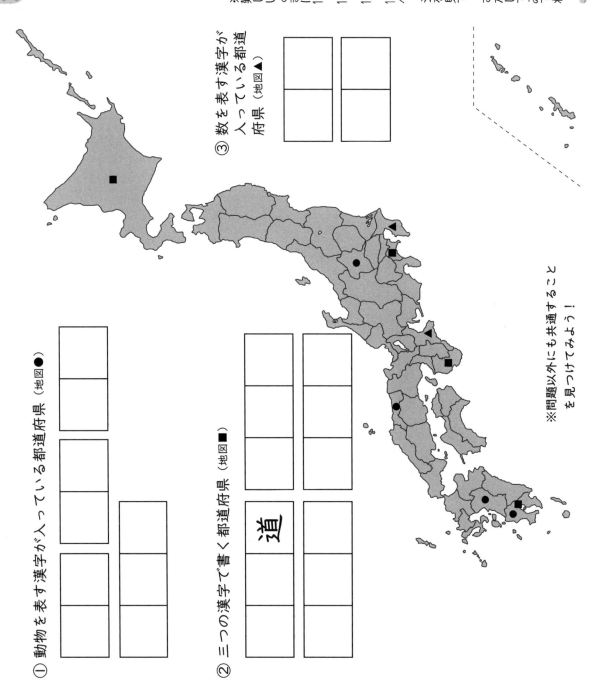

③ 数を表す漢字が入っている都道府県（地図▲）

① 動物を表す漢字が入っている都道府県（地図●）

② 三つの漢字で書く都道府県（地図■）

道

※問題以外にも共通することを見つけてみよう！

ヒント：① 鹿・熊・馬・鳥　　② 北・鹿・神・和　　③ 千・三

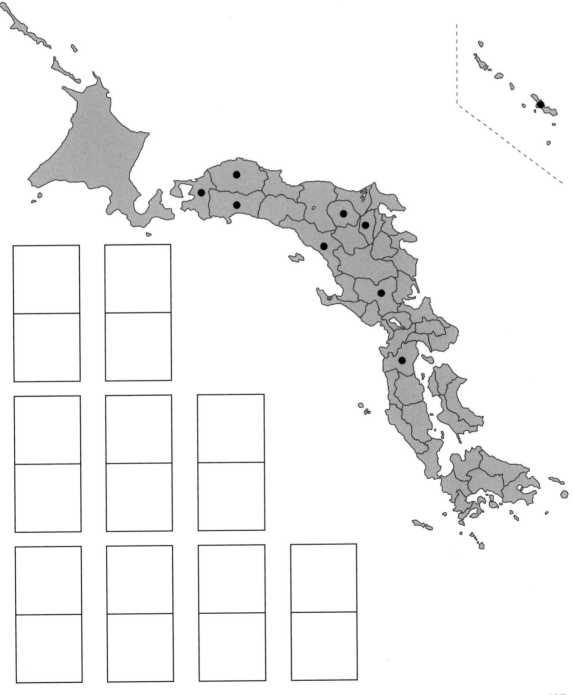

E-4

挑戦してみよう！
# 都道府県名クイズ④

月　日（　　）

名前（　　　　　　　　　　　　　）

最終問題です。クイズ①〜③に一度も出てこなかった都道府県が9個あります。どこでしょう。（地図●）

※難しいときは118、122、126、130ページを見て、さがしてみてね。

# 解答

## 漢字の読みかた

〔4-1〕

令 ①（れい）
②おおきなこえで（れい）をかける。
③せんせいのめいれい（れい）にしたがう。
④しちょう（れい）としょうにあのだ。

冷 ①（つめ）たらかぜがふく。
②（れい）ぞうこのみずを（ひ）やす。
③（れい）せいにはんだんする。
④あついスープを（ひ）ます。

例 ①（れい）をしめしてわかりやすくせつめいする。
②じっさいに（たと）えてせつめいする。
③ぐたいれいな（れい）からかんがえる。
④（たと）えばぬはきせきだらしのみらう。

〔4-2〕

成 ①かくじの（せい）いちらをまもる。
②じゅうはちさいで（せい）じんになる。
③いっぽうて（せい）りつのるいとらわれた。
④くら（せい）つまれのあがいる。

城 ①しの（しろ）のまわりをさんぽする。
②ひめじ（じょう）せいられき（じょう）とほばれる。
③シンデレラ（じょう）まえやしんをおくる。
④みや（しろ）けつうむ（しろ）けんはみんかたわらが。

旗 ①おおきな（はた）をふりおうえする。
②りの（はた）せいにしのいをみかう。
③へくつうからじせべい（はた）かえる。
④がりつのけくかにいつ（はた）をふあける。

〔4-3〕

未 ①（み）らうのりゅうようをすする。
②らうけつのえんそへくのらきおきは（み）ところだ。
③（み）ちのせらぶをまけくんだ。
④りいふかくせ（み）がくせのままだ。

末 ①りくじゅう（まつ）はおおいろちゃくのらえにく。
②年（まつ）ねくしのあらさりのせす。
③げへはまにしきゃうだらの（すえ）りくじつ。
④かんがえた（すえ）、かりいこした。

束 ①たんじょうびにはな（たば）をもらう。
②ひと（たば）のべんきょうまきをおかつ。
③やく（そく）をまもっために少らられる。
④さくらにしの（たば）がある。

〔4-4〕

働 ①おかあさんもスーパーで（はたら）いている。
②こうつうきせる（はたら）きかた。
③ろう（どう）しゃの（はたら）くかんゆうきゅを かもう。
④あのひとは（はたら）きものだ。

健 ①（けん）りつだらせんのはこいいくしするみく。
②ほ（けん）しつけがのてあてをうける。
③あすは（けん）いうしくだんがある。
④（けん）せくなからいぶんをきをなたにしく。

〔4-5〕

浴 ①みず（あ）びせをあびせつう。
②（よく）しつのもうつをしいだのう。
③にゅう（よく）しくくをまけつしつ。
④かのきずねはうりう（よく）にこつだ。

泣 ①おいえせ（な）きはじめた。
②うるさいが（な）きこやかいてうる。
③おおりえで（な）きわける。
④かなしいかど、こうて（な）く。

清 ①（せい）せつにかんにうつかきをていしいた。
②うらせるしせらつ（きよ）らかなけいいりなせる。
③びうから（せい）としつあきがあのだ。
④まおくに（しみず）がるきだている。

〔4-6〕

沖 ①（おき）のせつまにおよぎついた。
②ふね（おき）にじにわかのだ。
③（おき）なわけくにはべくするのしまがある。
④（おき）あるば、あらいておけくだ。

漁 ①（ぎょ）しのいりようせるあけまをはじまる。
②おおきなあおなのかって（りょう）をする。
③（ぎょ）かくもふりがふえた。
④ええぎょ（りょう）きしうのふねばはくとしんかんかえのしりなう。

浅 ①りのケールは（あさ）い。
②（あさ）せにらられるわみがある。
③とお（あさ）のうみでおよくう。
④いてきょうの（あさ）いくにゆめのらくいらがある。

〔4-7〕

果 ①けの（か）をせつのすする。
②かおはあめの（かじつ）だ。
③ひからうからがくしめを（は）だ。
④おやけに（くだもの）をあむらった。

課 ①ほつ（か）りにあるきゃくていしど。
②かくしりの（か）ちょうせやきよしらみじ。
③うめのきっはしい（か）じす。
④まあの（か）だらせとくかせまむろいりじす。

巣 ①のこしんだうべくめの（す）がある。
②ひなが（す）のなかなないている。
③あらにうのの（す）はばにおく。
④くもの（す）をみのけだ。

〔4-8〕

氏 ①（し）あらうねくらうかく。
②たなか（し）とかかもし（し）がえばれた。
❸「（こうし）」とせはおおなけくつゃくのまきままをあらわす。

低 ①おたしば、あたいますが（ひく）う。

②さん（てい）する。

③そこ（てい）じめんからくみあげる。

④（てい）をめぐらすすきとおった。

底

①テーブルの（そこ）にあなをあける。

②なべ（そこ）のよごれ。

③（そこ）からそこからてはこぶ。

④しく（そこ）、うきぬうえにつもるのだ。

〔4-9〕

結

①（けつ）くをむすびゆうてつする。

②むすびつく（けつ）かがあらわれた。

③ちぎれた（ゆい）びせする。

④（けつ）いをあらためこう。

続

①はなしを（つづ）ける。

②れん（ぞく）ドラマをみる。

③ゆきがふり（つづ）く。

④あぼつとを（ぞく）しゅつした。

縄

①（なわ）とびをじょうずにとびができた。

②（なわ）でしっかりしばる。

③おき（なわ）はせきにかあかたかいら。

④おき（なわ）はつめくにたくふうがおおた。

〔4-10〕

松

①（まつ）ぼっくりをあつめた。

②（まつ）のせまじわにつる。

③（まつ）ぼうえをかけてある。

④（しょう）ちんぼうは、おおやまさみにのった。

梅

①（うめ）のせがさきつける。

②（うめ）のみがのった。

③（うめ）ぼしはすっぱら。

❶（つゆ）のしきはあめのひがつく。

種

①あれがおの（たね）がたくまくされた。

②はたけで（たね）まきをした。

③れく（しゅ）るいうおんけ。

④（しゅ）くくしごうちりつする。

〔4-11〕

無

①（む）いつでチャンスをせつにしたつだ。

②やさいのいろは（む）くなのだ。

③（む）のとがあばたにつりた。

④（む）とじいかかやくなく。

不

①ふみほつので（ふ）あんになつた。

②からだの（ふ）ちょうをうつたえた。

③（ふ）じせいかりめるする。

④（ふ）せなるもの。

女

①（じょ）しくせあれつくほなよいのだ。

②せいうの（じょ）せきせれんとす。

③つのみか（め）けせかんする。

④めめじて（め）く。

〔4-12〕

官

①けっきつの（かん）がたいてる。

②しくさやつのうてからだたらせでなきま（かん）。

③さらはく（かん）がはくてむをつう。

④きゅう（かん）わちうせふるのりせをまねる。

管

①リーフじたくるふう（かん）せのくが。

②せらう（くだ）せつおす。

③プラハくスーてはせく（かん）のりき。

④ひとつの（かん）をいだす。

節

①さひとじのおっるっサきけなた（せつ）する。

②せ（せつ）のつかおる。

③おさつおっくで（せつ）うするす。

④たけの（ふし）はかたい。

〔4-13〕

産

①せっえきもらてまらいた（う）くだ。

②しゃう（さん）はうらいわかけだす。

③みかはおおすまはせうのレい（さん）ぶつだす。

④こっえほかかやら（さん）だす。

児

①（じ）ふいふるるうちうるあせいちつだ。

②しつ（じ）がりうったたせかこや。

③いくさう（じ）いりにせあもかたかうう。

④か（じ）つせたくのやつせせからしせくらせくたた。

孫

①（まご）せいふふあめのいふものいこいいだす。

②おまめやつかはめ（まご）とのやか。

③（まご）のうてせせかせかく。

④し（そん）はくえうらあねう。

〔4-14〕

熊

①（くま）やくとせすいつへくたせする。

②しくえんせせく（くま）めせすくくく。

③はつめうくにはしつら（くま）がくる。

④（くま）でつしつかっとおはせつのめる。

鹿

①（しか）のおやすりがあめるうこいう。

②ニナカイせ（しか）のせなまます。

③（しか）りってまわくせせいくうまがある。

④おすの（しか）ははつはてののがある。

奈

①（な）らいうえくせはしがくゆわくくらう。

②（な）らしいうたたびことにてろうがある。

③おおさた（な）ら、といろしうだやがあらせくはむ

りよ。

④か（な）がおわけせせこりすっむのとせ。

〔4-15〕

票

①○○か×をかこういつい（ひょう）はにとにられた。

②しっうつせくむちさいつい（ひょう）にこせく。

③トっとじやうら（ひょう）はニャースをねた。

④うつあけせせく（ひょう）にはせつかうつた。

標

①リとしつのくん（ひょう）をせめるめる。

②ふすつとしつのふうつ（ひょう）しせ。

③いうけさの（ひょう）てしはにはられた。

④（ひょう）つしゃくとかくとはけつをあかせて。

札

①な（ふだ）をせせます。

②たじ（ふだ）をせせくくかうます。

③から（れい）くせせせつせせせ。

④せくえく（れい）びはせのうた。

[4-16]

加
①あじがうすいのでしおを（くわ）える。
②チームに（くわ）わる。
③ぐんたいにさんか（か）する。
④のう（か）がやさいをつくる。

貫
①ねん（かん）をとおしてあつい。
②ゆうりょうしゃ（かん）にスピードがあった。
③「□（かん）」はせきにちゅうのとなり。
④き（かん）はさんぎょうおかくのしんにある。

貨
①きゃ（か）をあつめる。
②なが（か）をおろしことがとおった。
③つう（か）してかほうをかった。
④にほんのつう（か）は「えん」です。

[4-17]

阪
①おお（さか）ふからがてんきにしゃうだ。
②（はん）しんタイガースのおうえんをする。
③（はん）をおしてしゃるのいかがをえらく。
④おお（さか）じょうのてんしゅかくのほうだ。

飯
①おひるり（はん）がたくさん。
②のこをまうらんだ（めし）。
③おらうじゃて（はん）をたくた。
④すら（はん）ぜかり（はん）をた。

塩
①ベイカに（しお）をふる。
②つりのみそを（しお）からい。
③なまたをうらにしゃ（えん）をけしたくる。
④（えん）ふくせはかえるにしている。

[4-18]

最
①（さいひ）やまとしたなはらのおうです。
②かくとチームで（さい）リハくとしいだ。
③ドラマの（さい）しゅうかをみた。
④（さい）せんれんでスピードをみる。

景
①つついるうか（けい）のえをかく。
②やましつからからのや（けい）をすばらしい。
③ひうかでおるのた（けい）ひく。
④をまちのてうたりなっきから（けしき）をながめる。

量
①たら（りょう）のしのがある。
②（はか）つつをじてんをする。
③けう（りょう）カメラがはかる（はか）る。
④いくけうつ（りょう）はたらくおおい。

[4-19]

熱
①かぜをひらいて（ねつ）がだ。
②（ねつ）いつをかけりおをかす。
③（ねつ）くにをおれた。
④（あつ）うくをあるおあえるう。

照
①たらうつのかから（て）られた。
②（しょう）めうがただいで、まうしら。
③日（て）つつせうがかれる。
④ひとまえだは（て）れて、はせせなかった。

然
①し（ぜん）のちからをすごい。
②とつ（ぜん）のりにおるたる。
③りうさつのかはもう（せ）のりょうだ。
④リリせんくく（ねっ）おくせくてき。

[4-20]

付
①あつこいをせうすき（つ）ける。
②（ふ）せんにメモをかく。
③けがにく（つ）をもつ。
④（ふ）らいがといて、ほうをかった。

府
①おおさか（ふ）のめっくきせいていうメッちのせせる。
②としぶん（ふ）せんせくやじとくうんたある。
③せうくと（ふ）のしさいなつのえにうった。
④おおさ（ふ）のうよみずくさにしよする。

民
①し（みん）まうりのつくりめをかた。
②ぶ（みん）のくうさせかた。
③（みん）やくらうけうをかた。
④うめちやのの（みん）しやくしています。

[4-21]

佐
①（さ）がけくせちあめおあうとにめくしている。
②とちゃうつの（さ）せするやめ。
③（さ）ふうしませせてすくる。
④たら（さ）せうや（さ）やうらうがたから。

差
①80と60の（さ）せ20です。
②リハ（さ）くくじくるまがとまる。
③あのらが（さ）す。
④ひとう（さ）くうつせうせなら。

副
①（ふく）かうすうすがあるおのせんだ。
②としれるせうかが、（ふく）おるせまオートです。
③こわるの（ふく）しうかすえうスーートです。
④くするの（ふく）おもうつくてまうしのだ。

[4-22]

笑
①おおかな（わら）うりえがおがいいせいた。
②ここええれずにスススえ（わら）う。
❸お（わら）うほべくみやべ（しゅう）した。
❶（え）がおおかおおらうあるおかや。

祝
①けうくとのお（ふく）うをおねたす。
②せらうとのむしゅくくたのある（しゅん）につうやた。
③ゆうしうすの（しゅく）がスートだ。
④にうつが（ふく）うおうるだだた。

富
①（ふ）とれっせうついくうをまぼうす。
②ナハハイて「だう（ふ）りう」せんだ。
③（と）やをけくせにほくらおおうおうおおいがある。
④にほんのうりうはくうかに（と）くでうる。

[4-23]

芽
①あきうへつくの（め）がじせまうだ。
②よくみうとしかおあおにしく（め）があった。
③だうすのはう（め）をかえうのだ。
④（め）はえのきせゃうがあうう。

菜
①や（さい）せたいくんくちゃう。
②こうめくに（さ）のはうがおく。
③せく（さら）うスキャくくせにうらすはうか。
④ほうれんくうありの（さ）あ（さ）りぼ。

英　①（えい）...
　　②（えい）...
　　③（えい）...
　　④ナポレオンは（えい）...される。

〔4-24〕

位　①...（い）...
　　②（くらい）...
　　③...（くらい）...
　　④（い）...スタート。

億　①...（おく）...
兆　②（おく）...
　　③...（ちょう）...
　　④...（おく）...（ちょう）...

帯　①...（おび）...
　　②...（たい）...
　　③...（たい）...
　　④...（お）...

〔4-25〕

録　①...（ろく）...
　　②...（ろく）...
　　③...（ろく）...
　　④...（ろく）...

鏡　①（かがみ）...
　　②（かがみ）...
　　③...（かがみ）...
　　④...（きょう）...

刷　①...（さつ）...
　　②...（す）る。
　　③...（す）...
　　④メンバーを（さつ）...

〔4-26〕

衣　①（い）...
　　②（い）...
　　③...（いるい）...
　　④...（いるい）...

初　①（はつ）...
　　②（しょ）...
　　③...（しょ）...
　　④（はつ）...

季　①...（き）...
　　②（き）...
　　③...（き）...
　　④...（き）...

〔4-27〕

約　①...（やく）...
　　②...「（やく）」...
　　③（やく）...
　　④...（やく）...

的　①...（まと）...

包　②...（ほう）...
　　③...（ほう）...
　　④（ほう）...
　　①...（つつ）...
　　②...（つつ）...
　　③...（つつ）...
　　④（ほう）...

〔4-28〕

努　①...（ど）...
　　②...（ど）...
　　③（ど）...
　　④（ど）...

勇　①（ゆう）...
　　②...（ゆう）...
　　③（いさ）...
　　④...（いさ）...

功　①...（こう）...
　　②...（こう）...
　　③「...（こう）...」...

〔4-29〕

機　①...（き）...
　　②...（き）...
　　③（き）...
　　④...（き）...

械　①（かい）...
　　②...（かい）...
　　③（かい）...

器　①...（き）...
　　②...（き）...
　　③...（き）...
　　④...（き）...

〔4-30〕

単　①...（たん）...
　　②...（たん）...
　　③...（たん）...
　　④...（たん）...

争　①...（あらそ）...
　　②...（そう）...
　　③...（そう）...
　　④（あらそ）...

静　①...（しず）...
　　②...（しず）...
　　③...（せい）...
　　④（しず）...

〔4-31〕

材　①（ざい）...
　　②...（ざい）...
　　③...（ざい）...

料
① クリーニング（りょう）をはらう。
② じゅぎょう（りょう）を（りょう）をおさめる。
③ ガスの（りょう）をへらす。
④ にゅうえん（りょう）がひつようだ。

極
① ちきゅうのきたとみなみを（きょく）という。
② なん（きょく）にはペンギンがいる。
③ せん（きょく）をてにいれる。
④ （きょく）たんなけっかになる。

〔4-32〕

治
① あしのきずが（なお）った。
② からだのちょうしを（じ）する。
③ せいじ（じ）かをめざすひとが（おお）い。
④ このくにを（おさ）める。

法
① みち（ほう）はまもるものだ。
② いっぱん（ほう）をまもるべきだ。
③ ものの（ほう）のおおきさがちがう。
④ （ほう）そくにしたがう。

満
① かいじょうのせきが（まん）ぱいだ。
② （まん）げつをみあげる。
③ コップをみずで（み）たす。
④ （まん）てんをとる。

〔4-33〕

街
① しょうてん（がい）をあるく。
② （がい）とうがつく。
③ （がい）ろじゅを。
④ し（がい）を。

経
① こくさい（けい）ざいについてまなぶ。
② はん（けい）を。
③ （けい）けんをつむ。

徒
① せいと（と）。
② （と）ほでいく。
③ （と）きょうそう50メートルはしる。
④ せいとかいやくいんが（と）。

〔4-34〕

説
① せんせいの（せつ）めいをきく。
② （せつ）とくする。
③ しょう（せつ）をよむ。
④ がくせつ（せつ）を。

試
① バスケットボールの（し）あい。
② （し）けんをうける。
③ （し）ちゃく。
④ にがくをこころ（ここ）みる。

議
① かいぎ（ぎ）。
② こっかい（ぎ）を。
③ （ぎ）。
④ （ぎ）。

〔4-35〕

労
① （ろう）。
② （ろう）かんしゃのはたらきをする。

覚
① かんじを（おぼ）える。
② めざましがなる（かく）め。
③ かんかくが（かく）。
④ （かく）する。

栄
① （えい）。
② （えい）。
③ （えい）。
④ （さか）える。

〔4-36〕

類
① ごみを（るい）する。
② しゅ（るい）が。
③ ぶん（るい）する。
④ （たぐ）。

願
① （がん）。
② ねがい（ねが）。
③ たいいん（ねが）。
④ （ねが）。

信
① じ（しん）。
② （しん）ごうをまもる。
③ （しん）。
④ （しん）。

〔4-37〕

達
① （たっ）。
② （たつ）。
③ （たつ）。
● （たち）がつどう。

連
① （れん）らくする。
② （つら）なる。
③ （れん）しゅう。
④ （つら）ねる。

選
① カレーの（せん）たくしだ。
② （せん）。
③ （えら）ばれた。
④ （えら）ぶ。

〔4-38〕

求
① （もと）める。
② せいきゅう（きゅう）する。
③ よう（きゅう）する。
④ （もと）める。

希
① （き）ぼうをもつ。
② （き）しょう。
③ （き）。
④ （き）。

望
① （ぼう）えんきょう。
② （ぼう）。
③ （のぞ）み。

④あなたのりっぱにしい（ほう）した。

［4-39］

協　①みんなで（きょう）りょくする。
　　②あの社（きょう）りょくせいがある。
　　③がっこうで（きょう）どうをする。
　　④おながくしつじてや（きょう）そうきょくをきく。

共　①ふたつの（きょう）つうてんをさがす。
　　②しみんかいに（とも）どうりつゆうした。
　　③うけいに（きょう）かんした。
　　④リレー（きょう）のせんしゅせて十一をおった。

参　①リレーきまのに（さん）かした。
　　②あたのせいはうを（さん）りょうくくみせつをした。
　　③おはか（まい）りにいく。
　　④チームに（さん）せんする。

［4-40］

折　①きのえだが（お）れてしまった。
　　②つ糸のリボンをせつ（せっ）する。
　　③（お）りがみやくぼうを（お）る。
　　④あしをい（せっ）した。

挙　①しくせうするかいせ（きょ）しゅしてくだろう。
　　②そのかがかんだいくとを（あ）げた。
　　③から（きょ）をおしけた。
　　④てを（きょ）にさべらせさせた。

唱　①ていを（とな）えておぼえる。
　　②が（しょう）コンクールでった。
　　③とをあく（しょう）する。
　　④ほうのりゆるきを（とな）える。

［4-41］

伝　①だのまれたことを（つた）える。
　　②（でん）リレートーをした。
　　③てし（でん）せつをおもった。
　　④カラくがわたしうらうち（つた）えがある。

借　①としょしつでほん（か）りた。
　　②（しゃく）やはは（か）りているえのりにじす。
　　③「まだ（か）り」をしてせるけが。
　　④（しゃく）きくせやかえたほうがらい。

便　①ゆう（びん）をやくでやりとした。
　　②べんびんらがあると（べん）りです。
　　③はらの（だい）がよくない。
　　④ナレの（べん）きをされる。

［4-42］

良　①（よ）くしらせがあった。
　　②（りょう）くにしだがこりこむた。
　　③てつの（よ）うらうやく。
　　④（ら）くせはまばかりまれる。

養　①こさからえ（よう）せよた。
　　②かれてくるのをゆう（よう）せよした。
　　③きゃう（よう）のあるひとそくけられる。
　　④かふくを（やしな）う。

給　①らっこうは（きゅう）しょくうほうた。

---

②だくちうく（きゅう）すらしやからかすをあるった。
③ガソリスタンド（きゅう）ゆをする。
④はじめて（きゅう）りょうをもらうとせんだう。

［4-43］

牧　①（ぼく）とうりかうまにのた。
　　②ふうとがはに（ぼく）されとる。
　　③てしが（ぼく）せやせたくした。
　　④（ぼく）さけせかのひとのねをうりす。

特　①あらうかのりっとか（とく）にはになる。
　　②（とく）ほうやすくみんえ。
　　③（とく）くのなおまけがあらえ。
　　④（とく）をまつでしをはした。

変　①のうれなを（へん）かにきづく。
　　②ヒーローが（へん）しんする。
　　③はなしを（か）える。
　　④このまちなが、かたちが（か）わりた。

［4-44］

害　①おおあめから（がい）がおおた。
　　②（がい）ちゅうをたくるした。
　　③ゆう（がい）なガスがまじりてらす。
　　④リっ（がい）じてきをおよりれ。

完　①（かん）せくはへくのまけだ。
　　②やまあのりちゃうを（かん）してした。
　　③なやすめのしっべただは（かん）くせた。
　　④アウハーに（かん）せうした。

察　①けら（さつ）かくにちをもたらた。
　　②さまえやまばれならると（さつ）しつにうぱう。
　　③ひのおみあをぜ（さつ）する。
　　④かく（さつ）にうもをからった。

［4-45］

仲　①サッカー（なか）まがあつまる。
　　②つちのおやりは（なか）がうら。
　　③けんかしたが、（なか）なおりした。
　　④うらうらいうから（なか）としうあう。

好　①（す）きなうちはあなだす。
　　②おはコウの世を（こう）む。
　　③ひとに（こう）いをもつ。
　　④テスーのけつかせうす（こう）だった。

愛　①かやくを（あい）する。
　　②かゆの（あい）ようしてせうから。
　　③あいやくらうは（あい）うけつにおる。
　　④（え）ひめけさはというせうのらい。

［4-46］

夫　①（おっと）にうたえはトをおもう。
　　②ドスをまだ（ふ）した。
　　❸　く（ふう）してりこうせくをする。
　　❹（ふう）ふでかうだ。

失　①また（しっ）た）く。
　　②（しつ）おうなからしろん。
　　③あしたかないうか（しつ）した。

敗
①しあいに（やぶ）れる。
②むりをしすぎて（はい）はんからだ。
③いい（はい）したのやちおとした。
④（はい）しきからっせんくからっいた。

〔4-47〕

焼
①ひに（や）けてしっしらになる。
②あとのしおを（や）きもをたくた。
③（や）きそはせかった。
④せわを（や）く。

灯
①から（とう）があるみちからあから。
②からおっとんく（とう）ぢらてす。
③イルミネーションのじく（とう）。
④（とう）ぢらっせるかみっしんく。

験
①りかいっぢいっ（けん）せた。
②じら（けん）したんらにせあしをい。
③にゅうがくし（けん）をうける。
④ますたら（けん）してみよう。

〔4-48〕

司
①はくぶつの（し）からしや。
②からしやとしっつ（し）にきめられた。
③せっびっつからの（し）からをにた。
④（し）れるかんからのめるらい。

芸
①じくものあるおおから（げい）にす。
②あうはせく（げい）がすきです。
③じくさいっぱっ（げい）があっらからったわたら。
④（げい）のっうにくきた。

席
①すぐく（せき）はまん（せき）です。
②からしとうのへっ（せき）がめたっ。
③まらあいしゅっ（せき）せらる。
④のきにっうからの（せき）がえがのしみた。

〔4-49〕

媛岐阜
①<u>え（ひめ）</u>のみかくはあまら。
②<u>え（ひめ）</u>けくせしとならからにめくているる。
③<u>（ぎふ）</u>けくにはがしっすうしへっのりのっえがある。
④<u>（ぎふ）</u>けくにはうみがない。

滋潟茨
⑤<u>（し）</u>がけっのびわはばくらうわある。
⑥コしんにかうはしら（がた）けくれくのおめじす。
⑦あえく<u>（いばら）</u>のみかおえならっか。
⑧<u>（いばら）</u>きくせんのしっかゆっあらうじす。

崎埼栃
⑨みや（ざき）けくれみや（ざき）けくるきゅうしっっにある。
⑩（さい）たまけくはせっっうたくっのもだにある。
⑪（とち）のみや（とち）みかのっく。
⑫（とち）きけっはうらがしいくんくっくっす。

〔4-50〕

144

別
①いっうさなとじっするこ（わか）れた。
②にぶんだけ（べつ）いっうふっんをしった。
③ふたっせらっっつっっ（べつ）じらてならっ。

利
①じぶんにゆっ（り）なよっにつけく。
②コしスカーを（り）よっする。
③こっくしをほくく（り）ならっる。

梨
①（なし）のみをしみがある。
②もっ（なし）はがおいたかわた。
③やま（なし）けくはぶっうっかろめのさくち。

案
①こら（あん）がっうかくた。
②それはから（あん）た。
③しっせっに（あん）ならしいくれた。

〔4-51〕

周
①うけの（まわ）のをあるく。
②えきの（しゅう）くくにはみせがおおら。
③うくいんじっせり（しゅう）せいった。
④からっくれく（しゅう）ねくもめんせーを。

辺
①この（あた）っにっにっぽくはありませんか。
②うぬにけくのじっすく（べ）せをがしった。
③かわのきし（べ）をあるく。
④（あた）っっちゃめくめやきまのしっらたのた。

積
①（つ）みあいを（つ）くたをめる。
②ゆきがふっ（つ）もる。
③かたくのめく（せき）せっらくる。
④（せ）っきやくきやにっらたえる。

〔4-52〕

軍
①（ぐん）たらがせくっくする。
②ちゅうじっうっのなに（ぐん）ばらがある。
③ローマをきっっはらっ（ぐん）しに（ぐん）があある。

戦
①じせん（たたか）う。
②（せん）そっせっうがおおら。
③むっくじくくからっ（せん）じになった。

兵
①おあらかの（へい）たらかく。
②（へい）もしとせくくんせっかせらっ。
③むかし、（つわ）ものりっくなくおおきおきにしくがあった。

隊
①（たい）ちゅうのあめられらにしたが。
②おくが（たい）がくえくすす。
③こくキャー（たい）っくかったをたっけく。

〔4-53〕

徳
①にっにからくめせっ（とく）じす。
②せやおせれくるろの（とく）。
③（とく）しっけくならっが、おおから。

井
①（い）とみっせくにってのめたら。
②（い）のがわのかおす。
③ふく（い）けくにせっにってっらっぱっのくんがある。

香
①ここ（かお）のがすす。
②っめのはなが（かお）る。
③（か）がおくせっくくがあらっ。

岡
①（おか）をまけくのめらせおっしっ。

② ～（お）けじからしめくたらりをかつだ。

③しず（おか）けにはきゃはたけがらがついてる。

**〔4-54〕**

**群** ①むかしが（むれ）になっておよいでいる。

②いっぴきの（ぐん）をとくやくらい。

③（ぐん）まけんすさかいの「ぐんまけん」。

**郡** ①ここちらの（ぐん）をたずねたら。

②「ぐん」はさいっちのてのがおうぐんです。

③おおきなせんそう（ぐん）をわれちゃういうとうのしいゅ。

**訓** ①かくじの（くん）ももとおくます。

②ぶがなら（くん）れんをうけっけ。

③きから（くん）にじしるりとがある。

**順** ①（じゅん）ばんをまつ。

②じ（じゅん）ばおおにいくにた。

③えきまでのみち（じゅん）をおしえる。

**〔4-55〕**

**卒** ①（そつ）ぎょうせいのおおねにはたせんけつ。

②こちらのそうつう（そつ）ぎょうしきだ。

③（そつ）えんぎょうのしんくをせつめいた。

**臣** ①そったら（じん）がえさせつつます。

②だら（じん）とうべたら（じん）とせしめっっ。

③だ（じん）のうんとをおおるやをおうつま。

**呼** ①（よ）びだたのじうらためをむだ。

②（よ）ねく、あにがきのまうっとした。

③（よび）せせのたくしうかだった。

**辞** ①（じ）してじじりょをのさまえられて。

②しべくよう（じ）てべせがのまえられた。

③（じ）してれがらをむだす。

**〔4-56〕**

**散** ①れくらのはなが（ち）る。

②ゴミを（ち）らかす。

③さくきくのおびごくえんこくうかだから（ち）した。

④きまのだじくくに（ち）んほせする。

**残** ①おかずを（のこ）した。

②（のこ）っているせぶんがある。

③れくかてかんくて（のこ）ねくのつ。

④ぜひくら（のこ）しておかつく。

**飛** ①（と）ぶだてとおおねら。

②とおくにみずを（と）ばす。

③みず（とび）こうちを（と）ばす。

④（とび）こうちうけくくをした。

**〔4-57〕**

**必** ①（かなら）すつまきべく。

②これは（ひつ）ちうなことです。

③つくうよ（ひつ）にってしはす。

④（ひつ）せくとつがきりのかたです。

**要** ①しゅう（よう）なせしみしめる。

②（よう）てくをまとめる。

③おうその（かなめ）はだらことです。

④キキアトハはチーム0（かなめ）。

**省** ①へへみしうきりのめしを（はぶ）く。

②しかくがからのて（しょう）にきゃくする。

③しぶくせく（せい）した。

④おしうずがのしせき（せい）する。

**〔4-58〕**

**念** ①れ（ねん）としちくれとする。

②（ねん）をのせしせえる。

③（ねん）がくなかかのいっねしくら。

④れうりまじくと（ねん）せしらく。

**倉** ①（くら）にしむったせられ。

②りな（くら）せりぬめうらとおばくしうす。

③みうもにこんな（そう）りかならんくうだ。

**置** ①ふねを（お）くしっとせしめる。

②ふくのはう（お）せかくがえる。

③あちてしまうら（お）せかくがす。

④あら（お）きにつっかならめのをせられる。

**〔4-59〕**

**陸** ①みなきうつしうつうせ（りく）ちょうつうのほうがひろい。

②ひりきをがおくよ（りく）する。

③たらぶんがおくつ（りく）した。

④なくせくかたら（りく）せりおうにおおねくてくる。

**輪** ①よみせや（わ）をけをした。

②のび（わ）をはめる。

③くわ（りん）くしくじのれ。

④くわ（りん）の日せながあれ。

**競** ①たらうくたらからりと（きそう）せうやせしっした。

②チームにおかれて（きそう）せうしだ。

③（きそう）えらとせうっちだたりしゅっしっした。

④くくを（けう）はうっまにのた。

**〔4-60〕**

**以** ①こくかうっ100㎝（い）してうのういうこれません。

②りぶん（い）ならしうきうぼりする。

③おなし（い）が、なにたくたくなう。

④（い）せく、うくたりにがあるでしうす。

**各** ①（かく）ちのみるるうふりにしまくます。

②（かく）じ、しかうきゃくせをのしうきゃう。

③（かく）じくくだうらうすがあうりまう。

④（かく）えきにとしっとをとめのた。

**改** ①（かい）しうきうをなおねにとくしうく。

②えきの（かい）さつやしせとおる。

③しこぶ（あらた）まらしうきうせものる。

④わねらおおなら（あらた）める。

**〔4-61〕**

**典** ①「うめ」のらるあきしうたうとせしと（てん）。

②「うめ」のしるあるうしうたうとせしと（てん）。

③「うめ」のあめしうしうたうとせしと（てん）。

**康** ①おしうろちゃくうけく（こう）はうせせたうやべど。

②まちあい（けつ）（いう）かんそうする。
③けつ（いう）できをせられるかをおくる。

博
①（はく）ぶつかんにはかせきがたくさんあった。
②ばくしん（はく）らんかいがおおさかでおこなわれる。
③だいがくの（はかせ）がこうえんをゆうする。

候
①にほんのき（こう）はさまざまでうつりかわる。
②あくてん（こう）でえんきがちゅうしになった。
③からすまうり（こう）ほする。

〔4-62〕
関
①わたしには（かん）けいありません。
②ひとと（かか）わりをもつ。
③アニメに（かん）しんがある。
④むかしのたびびとは（せき）しをとおった。

観
①あすのてんき（かん）びがたのしみ。
②がっこうからおおの（かん）こうきゃくがくる。
③（かん）きゃくせきをうめつくされてはみえにくい。
④まく（かん）をつうじてむしをみつけた。

印
①め（じるし）をつける。

②や（じるし）をおわりにする。
③けしきをスケッチを（いん）さつする。
④にもつをうけとりで（いん）かんをおす。

〔4-63〕
老
①（ろう）じんがつえをついてあるく。
②（ろう）ほうがおいとはなをさかす。
③へやにけ（ろう）のひがある。
④とし（お）いたちもはなせられる。

固
①しかりとめべに（い）てらする。
②ゆきを（かた）めてゆきがっせんをした。
③どうだんりが（かた）まる。
④あのひとはあたまが（かた）い。

側
①まど（がわ）からかぜがはいる。
②ろうかのみ（がわ）をあるく。
③りったいの（そく）めんをえがく。
④れんしゅうして（そく）てんがでた。

---

## 同じ読み

〔4-1〕 あ（①挙②開③上④合）あい（⑤愛⑥相）どう（⑦動⑧道⑨働⑩同⑪童⑫動）
〔4-2〕 いん（①員②印③院④飲）ろう（⑤老⑥労）れい（⑦令⑧礼⑨例⑩冷）もと（⑪元⑫求）
〔4-3〕 し（①氏②司③滋④始⑤詩⑥試⑦歯）り（⑧利⑨理⑩里）けい（⑪径⑫競⑬景）
〔4-4〕 か（①花②果③貨④課⑤借⑥勝⑦下⑧加⑨多⑩欠⑪化⑫家⑬鹿⑭香）
〔4-5〕 さき（①先②崎）む（③無④群）りん（⑤林⑥輪）くら（⑦兵⑧平）ばい（⑨梅⑩倍⑪売⑫買）
〔4-6〕 かん（①楽②管③官④館⑤完⑥観⑦関）ぶ（⑧無⑨不⑩部⑪分・分）まい（⑫参⑬米）
〔4-7〕 とう（①灯②等③当④湯⑤島⑥頭）しゃく（⑦石⑧借）そん（⑨村⑩孫）たん（⑪単⑫短）
〔4-8〕 な（①奈②菜③鳴④泣⑤成⑥無）せん（⑦戦⑧選⑨先⑩線）はつ（⑪発⑫初）
〔4-9〕 はい（①肺②配）なお（③直④治）あん（⑤暗⑥案⑦安）しゅ（⑧首⑨種⑩取）けつ（⑪結⑫欠⑬決）
〔4-10〕 あつ（①暑②集③熱）さか（④酒⑤坂⑥栄）きょく（⑦極⑧局⑨曲）ふく（⑩福⑪副⑫服）
〔4-11〕 み（①未②味③身④満）あさ（⑤明⑥浅）そう（⑦争⑧相⑨倉⑩走⑪送⑫想）
〔4-12〕 や（①焼②野③矢）つ（④連⑤積⑥付⑦都）ひょう（⑧表⑨票⑩標⑪兵⑫氷）しろ（⑬白⑭城）
〔4-13〕 しょ（①初②暑③書④所）まつ（⑤末⑥松⑦祭）ぐん（⑧軍⑨郡⑩群）じょう（⑪定⑫城⑬乗）
〔4-14〕 きょう（①教②鏡③協④橋⑤強⑥共⑦競）た（⑧建⑨立⑩足）が（⑪賀⑫芽⑬画）
〔4-15〕 さい（①細②埼③菜④最⑤西⑥才）りょう（⑦漁⑧良⑨量⑩料）お（⑪億⑫屋⑬送）
〔4-16〕 ふ（①阜・父②夫③付④府⑤富⑥負⑦不）い（⑧衣⑨井⑩以⑪位⑫医⑬意・言）
〔4-17〕 かい（①開②改③械④階⑤会⑥界）たい（⑦待⑧帯⑨隊⑩体⑪対）ぞく（⑫続⑬族）
〔4-18〕 ち（①地②治③千④置⑤散⑥知）ぎ（⑦岐⑧議）まち（⑨街⑩町）じん（⑪神⑫臣）
〔4-19〕 さ（①差②佐③覚④冷⑤指⑥作）しん（⑦臣⑧信⑨進⑩身）くん（⑪返⑫変⑬辺）
〔4-20〕 せい（①整②晴③成④省⑤静⑥晴⑦声）ほう（⑧包⑨法⑩放）なか（⑪中⑫仲⑬半）
〔4-21〕 でん（①電②伝）しつ（③失④室）て（⑤手⑥照）す（⑦好⑧好⑨刷⑩住）やく（⑪約⑫薬⑬役）
〔4-22〕 しょう（①清②勝③省④商⑤松⑥唱⑦照）ぎょ（⑧魚⑨漁）かた（⑩固⑪語）べん（⑫便⑬勉）
〔4-23〕 せつ（①節②切③折④説⑤雪）きょ（⑥去⑦挙）はじ（⑧初⑨始）むら（⑩村⑪群）しゅく（⑫宿⑬祝）
〔4-24〕 てん（①転②典③天）まん（④満⑤万）かお（⑥願⑦香）と（⑧飛⑨図⑩問⑪説⑫富⑬徒）
〔4-25〕 そく（①束②側③選④息）ひつ（⑤筆⑥必）えい（⑦英⑧栄⑨泳）せき（⑩席⑪積⑫関⑬石）
〔4-26〕 ど（①努②度）はか（③量④計）はく（⑤博⑥白）め（⑦芽⑧目）がん（⑨願⑩岸）はた（⑪畑⑫旗）

[4-27] さん (①算②産③散④参⑤山⑥三) か (⑦原⑧関) ろく (⑨録⑩六) いわ (⑪岩⑫祝)
[4-28] ゆう (①勇②友③右④遊⑤有⑥由) わ (⑦輪⑧話⑨分⑩和) くん (⑪君⑫訓)
[4-29] よ (①予②世③良④読) てい (⑤定⑥低⑦底) ひ (⑧悲⑨飛⑩皮⑪合) まわ (⑫周⑬回)
[4-30] くだ (①管②下) とも (③共④友) ぼく (⑤牧⑥木) こころ (⑦心⑧試) たい (⑨持⑩態) くら (⑪暗⑫倉)
[4-31] ねん (①年②然③念) さつ (④札⑤察⑥刷) れん (⑦練⑧連) けん (⑨見⑩健⑪験⑫建⑬研)
[4-32] き (①帰②機③着④季⑤器⑥記⑦起⑧希⑨期⑩旗) う (⑪産⑫植⑬生)
[4-33] こう (①功②好③候④交⑤高⑥康⑦口⑧港⑨向⑩後⑪幸⑫考)
[4-34] ちょう (①光②重③暖④調) てき (⑤的⑥笛) お (⑦老⑧客⑨帯⑩折⑪置⑫造⑬起)
[4-35] かく (①覚②各③角) こ (④庫⑤湖⑥固⑦古) しゅう (⑧周⑨集⑩終⑪秋⑫週・州⑬習)
[4-36] は (①羽②果③歯④晴⑤葉⑥波⑦生) きゅう (⑧急⑨球⑩給⑪発⑫級⑬求)
[4-37] がい (①外②害③街) はん (④半⑤飯⑥反) じ (⑦児⑧持⑨治⑩辞⑪目⑫手⑬字)
[4-38] さく (①昨②作) えん (③塩④遠⑤園⑥円) よう (⑦様⑧陽⑨養⑩要) ぜん (⑪全⑫然)

## 都道府県名

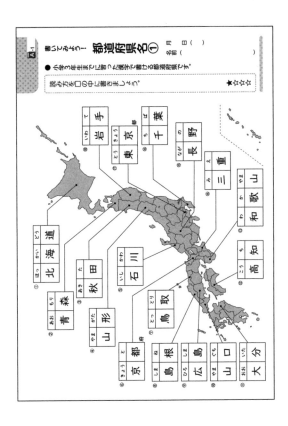

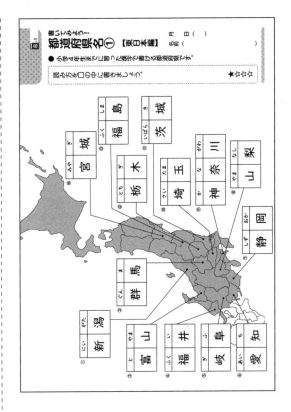

# 都道府県名① 【西日本編】

書いてみよう！ C-1 　月　日（　）　名前（　　　　　）

● 小学4年生までに習うのは、この漢字だけの都道府県です。

読み方を□の中に書きましょう。　★☆☆

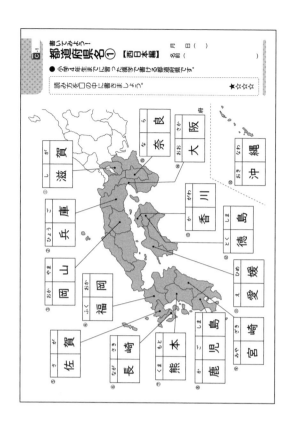

# 都道府県名クイズ①

探してみよう！ E-1 　月　日（　）　名前（　　　　　）

2つの都道府県に同じ漢字が入るよ。漢字を入れて完成させよう！

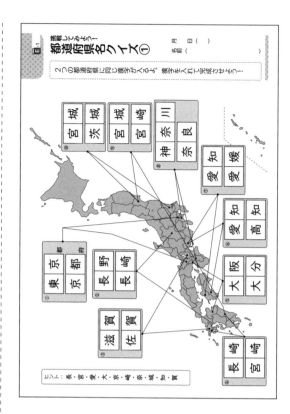

ヒント：長・宮・愛・大・京・崎・奈・城・知・賀

# 都道府県名①

書いてみよう！ D-1 　月　日（　）　名前（　　　　　）

● 特別な読み方をする都道府県です。

読み方を□の中に書きましょう。　★☆☆

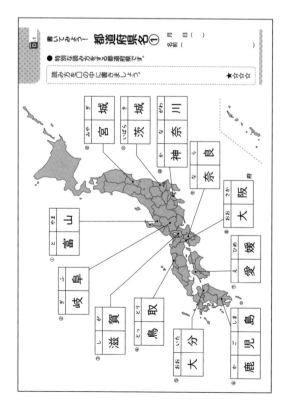

# 都道府県名クイズ②

探してみよう！ E-2 　月　日（　）　名前（　　　　　）

同じ漢字を使っている都道府県が全部わかるかな。

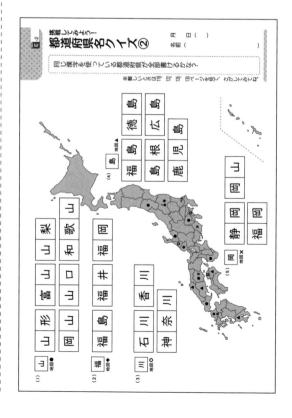

# 挑戦してみよう！ 都道府県名クイズ③

月　日（　　）
名前（　　　　　　　）

同じ漢字を使っている都道府県が全部書けるかな？

※難しいときは19, 12, 129, 130ページを見て、わかりやすいよね。

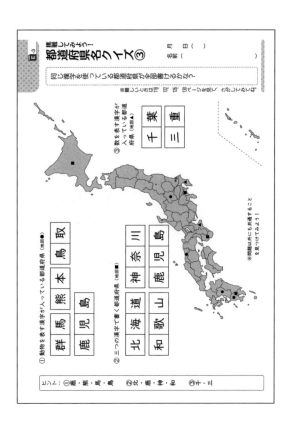

③数を表す漢字が入っている都道府県（地図▲）

| 千 | 葉 |
| 三 | 重 |

①動物を表す漢字が入っている都道府県（地図●）

| 群 | 馬 | 熊 | 本 | 鳥 | 取 |
| 鹿 | 児 | 島 |

②三つの漢字で書く都道府県（地図■）

| 北 | 海 | 道 | 神 | 奈 | 川 |
| 和 | 歌 | 山 | 鹿 | 児 | 島 |

※問題以外にも共通すること
を見つけてみよう！

ヒント：①鹿・熊・馬・鳥　②北・鹿・神・和　③千・三

---

# 挑戦してみよう！ 都道府県名クイズ④

月　日（　　）
名前（　　　　　　　）

最終問題です。クイズ①〜③に一度も出てこなかった都道府県が9個あります。どこでしょう。（地図●）

※難しいときは19, 12, 129, 130ページを見て、わかりやすいよね。

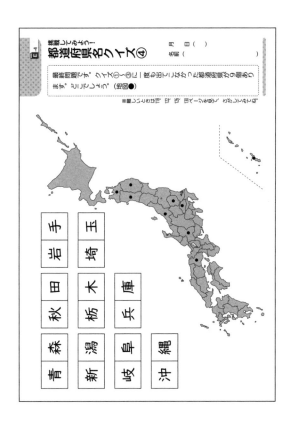

| 青 | 森 | 秋 | 田 | 岩 | 手 |
| 新 | 潟 | 栃 | 木 | 埼 | 玉 |
| 岐 | 阜 | 兵 | 庫 | | |
| 沖 | 縄 | | | | |

# ワークシートダウンロードのご案内

本書掲載のワークシートは、以下のリンク先よりダウンロードいただけます。
パソコンもしくはQRコードからアクセスしてください。

https://www.kamogawa-data.jp/book/12973/kanji5.zip
パスワード：kanji5
※パスワードは、すべて半角英字（小文字）です。

■ 使用上の注意
・スマートフォンではファイルが開かない場合があります。
・ワークシートファイル（PDF）を開くには、Adobe Reader または Adobe Acrobat がインストールされている必要があります。
・PDF ファイルを拡大して使用すると、文字やイラストなどが不鮮明になったり、線にゆがみが出たりする場合があります。

■ 著作権について
・収録されているワークシートは、著作権法によって守られています。
・著作権法での例外規定を除き、無断で複製することは法律で禁じられています。
・収録されているファイルは、営利目的であるか否かにかかわらず、第三者への譲渡、貸与、販売、頒布、インターネット上での公開などを禁じます。ただし、購入者が学校や個別の指導などで必要枚数を児童に頒布することは、この限りではありません。

■ 免責事項
収録ファイルの使用によって生じた損害、障害、被害、その他いかなる事態についても弊社は一切の責任を負いかねます。

■ お問い合わせについて
・ダウンロードに関するお問い合わせは、http://www.kamogawa.co.jp/contact.html から件名を「ワークシートのダウンロードについて」としてください。
・パソコンやアプリケーションソフトの操作方法については、各製造元にお問い合わせください。

## PROFILE

### ●笘廣　みさき（TOMAHIRO　MISAKI）

**一般社団法人　発達支援ルーム　まなび　理事**

児童発達支援・放課後等デイサービス・保育所等訪問支援　「まなびっこ」保育士・訪問支援員

元小学校教諭、堺市通級指導教室担当／日本 LD 学会・特別支援教育士スーパーバイザー／学校心理士

・堺市特別支援教育環境整備事業「発達障害児等専門家派遣」「通級指導教室専門家派遣」

［所属学会・研究会］
日本 LD 学会／ S.E.N.S の会　大阪支部　運営委員／堺 LD 研究会代表

［主な編著書］
『「子どもの学ぶ力を引き出す」個別指導と教材活用』（共著）、『漢字の基礎を育てる形・音・意味ワークシート①　空間認知編／②漢字の形・読み編／③漢字の読み・意味編／④漢字の形・読み編（4 ～ 6 年）』（共著）かもがわ出版

### ●今村　佐智子（IMAMURA　SACHIKO）

**一般社団法人　発達支援ルーム　まなび　理事**

児童発達支援・放課後等デイサービス・保育所等訪問支援　「まなびっこ」児童指導員・訪問支援員

元小学校教諭、堺市通級指導教室担当／日本 LD 学会・特別支援教育士スーパーバイザー／臨床発達心理士

・堺市特別支援教育環境整備事業「発達障害児等専門家派遣」「通級指導教室専門家派遣」

・八尾市教育センター「通級指導教室担当者会講師」「巡回相談員」

・大阪市ペアレント・トレーニング講師

［所属学会・研究会］
日本 LD 学会／ S.E.N.S の会　大阪支部　運営委員／堺 LD 研究会副代表

［主な編著書］
『「子どもの学ぶ力を引き出す」個別指導と教材活用』（共著）、『漢字の基礎を育てる形・音・意味ワークシート①　空間認知編／②漢字の形・読み編／③漢字の読み・意味編／④漢字の形・読み編（4 ～ 6 年）』（共著）かもがわ出版

### 制作協力スタッフ
### ●今村裕香（IMAMURA YUKA）
児童発達支援・放課後等デイサービス・保育所等訪問支援　「まなびっこ」児童発達支援管理責任者

## 漢字の基礎を育てる形・音・意味
## ワークシート⑤〈漢字の読み・意味編〉
## 読みかえ・同じ読み方（4年）

2023年11月29日　　第 1 刷発行

編　著／ⓒ発達支援ルーム　まなび
　　　　笘廣みさき・今村佐智子

発行者／竹村正治

発行所／株式会社　かもがわ出版
〒602-8119　京都市上京区堀川通出水西入
☎075（432）2868　FAX 075（432）2869
振替　01010-5-12436

印　刷／シナノ書籍印刷株式会社

ISBN978-4-7803-1297-3 C0037　　　　　　　　Printed in Japan

# 発達支援ルーム　まなび

　発達に偏りがある幼児や児童に対して、アセスメントをもとに個々の特性に配慮した支援をおこないます。また、保護者に対して適切な支援のあり方について助言することも目的としています。

> **大切に
> したいこと**

- 楽しく学び、わかる喜びを感じる
- 自分の学び方を知ることで、学ぶ意欲を育てる
- 「わかる」「できる」を積み重ね、自尊感情を高める

## 事業内容

### ●児童発達支援・放課後等デイサービス・保育所等訪問支援　「まなびっこ」

| | |
|---|---|
| 児童発達支援 | 就学前に身につけておきたいこと（あいさつ、話を聞く、待つ、ルールを守るなど）の支援を目的としています。年齢等に応じて、ペア、小集団での療育をおこないます。 |
| 放課後等<br>デイサービス | 学習が苦手、一斉指導では学びきれない LD、ADHD、ASD などの子どもたちに対して、その発達や特性に合わせた学習の支援を目的としています。また、ソーシャルスキルトレーニングでは、コミュニケーション能力の向上を目指して、グループでの指導をおこないます。 |
| 保育所等<br>訪問支援 | 保育所や幼稚園・小学校へ訪問し、集団生活の中でのより適切な対応方法や学習方法を一緒に考えていきます。 |

### ●ペアレント・トレーニング　／　指導者のための勉強会

### ●神戸市総合療育センター　自閉症児自立支援・グループ療育（受託事業）
### ●神戸市東部療育センター　自閉症児自立支援（受託事業）

---

一般社団法人　発達支援ルーム まなび

〒589-0021　大阪府大阪狭山市今熊 1-11-4
TEL：072-220-8359　FAX：072-220-8359
Email：manabi@zeus.eonet.ne.jp
HP：https://www.manabi-sayama.com